軽減税率後

消費税申告書の書き方

芹澤光春 （監修）
Serizawa Mitsuharu

永井智子 （著）
Nagai Tomoko

個人
事業者

＋

法人

＋

個人
廃業手続

中央経済社

はじめに

　令和元年10月に消費税率10％への引上げが実施されました。しかし，今回の改正の最大の特徴は単なる税率の引上げにとどまらず，「軽減税率」が導入されたことにあります。

　税率10％への引上げは，平成26年に8％への引上げが実施された時点で決まっていましたが，2度にわたり延期されていました。オオカミ少年の童話の例ではありませんが，今回の引上げも，再度延期されるのではないかという期待があり，事業者の軽減税率への対応が遅れた感は否めません。

　複数税率に対応したレジ導入の補助金申請が期限間際に集中し，またポイント還元への対応も間に合わなかった事業者もあり，引上げ前後で混乱が生じました。

　消費税は平成元年に導入されましたが，当初の税収は3.3兆円でした。それが平成30年度の決算額では17.6兆円になり，令和元年度の予算では19.4兆円を見込んでいます。

　令和元年度は途中から税率が引上げられたため，その影響は半年間ですが，令和2年度は引上げの影響が1年間に及ぶことから，税収はもっと増加するものと思われます。

　これに対して所得税の税収は平成30年度の決算額で19.9兆円，法人税は12.9兆円ですから，消費税はわが国最大の基幹税としての地位を占めるに至りました。

　消費税は福祉目的税として，年金，医療及び介護の社会保障給付並びに少子化に対処するための施策に要する経費に充てるための財源として，重要な役割を果たしています。

　軽減税率の導入に伴い，事業者は税率ごとの区分経理をする必要が生じるため，「区分記載請求書等保存方式」が規定されました。さらに，令和5年10月からはインボイス方式である「適格請求書等保存方式」の導入が予定されています。わが国の消費税は，これから4年の間に大きく変貌することになります。

　令和元年10月1日以後を決算期とする法人の申告と，令和元年分の個人事業者の消費税の申告は，軽減税率が導入された後，初めての消費税申告となります。複数税率化により作成しなければならない申告書や付表も増え，複雑になっています。

　本書では軽減税率導入後の消費税申告書の書き方について，代表的な事例を4例用意して，申告書の記入までの作成手順を，各種付表などの数字の動きを図解し，わかりやすく解説することを心がけました。加えて，個人の廃業に必要な手続きも掲載しました。

　消費税率の引上げを機に廃業を検討している個人事業者も多いようです。個人事業主の場合，廃業によって業務用資産を家事に使用すると，消費税の課税対象になります。ところが，4割近くの個人事業者が適正に申告をしていないと，会計検査院から指摘がありました。廃業してから税務署に指摘されることは金銭的にも精神的にも負担が大きいものです。適正な手続きを進める一助になれば幸いです。

　本書の出版にあたり，中央経済社の秋山宗一氏には大変ご尽力をいただき，とても感謝をしています。この場を借りてお礼を申し上げます。

　令和2年1月

芹澤光春

永井智子

CONTENTS

CONTENTS

Ⅰ 基本編

Ⅰ. 概　要

【消費税の制度移行イメージ図】

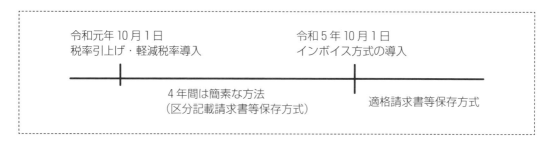

1. 税率引上げと軽減税率の導入

　令和元年10月1日に，消費税率は10％に引き上げられました。しかし，税率引上げ後も一定の取引については，旧税率が据え置かれるという経過措置が設けられています。

　今回の税率引上げが問題なのは，同時に軽減税率が導入されたことにあります。これにより，わが国の消費税は複数税率制になりますので，取引を税率ごとに区分して経理する必要が生じます。

2. 4年間の簡素な方法と特例

　税率引上げおよび軽減税率の導入から4年間は，税率ごとの区分経理は簡素な方法で行うことができるとされており，この間に適用される方式を「区分記載請求書等保存方式」といいます。この間は，受領した請求書等が区分記載請求書等の記載事項を満たしていない場合には，受領者の側で追記をすることが可能です。

　また，この間は，税率ごとに区分経理をすることが困難な事業者に対して，特例が設けられます。

3. インボイス方式の導入

　問題は4年後の，令和5年10月1日に導入されるインボイス方式です。正式名称は「適格請求書等保存方式」といいます。インボイス（適格請求書）とは，消費税法の規定にしたがって作成された請求書や領収書を示しますが，インボイス方式に移行後は，適格請求

書発行事業者として登録した者しか，インボイスを交付することができなくなります。

　また，仕入税額控除の要件として，インボイスの保存が求められるようになりますので，適格請求書発行事業者以外の者からの課税仕入れは，仕入税額控除の対象にはならなくなります。

Ⅱ．税率引上げ・経過措置

1．税率引上げの経緯

　消費税は平成元年4月1日に創設されましたが，創設時の税率は3％でした。その後，平成9年4月1日より5％に，平成26年4月1日からは8％に引き上げられました。

　10％への引上げは，当初，平成27年10月1日の予定でしたが，2回にわたって延期され，とうとう令和元年10月1日より，10％に引き上げられました。

　今回の引上げでは，飲食料品の譲渡と定期購読契約に基づく新聞の譲渡に，8％の軽減税率が導入されました。これに対して10％の税率を標準税率といいます。

2．国税と地方税

　ここで注意すべきは，同じ8％でも，旧税率の8％と軽減税率の8％は区分しなくてはならないということです。というのは，消費税は，国税である「消費税」と，地方税である「地方消費税」から成りますが，旧税率の8％と軽減税率の8％は，国税と地方消費税の内訳が異なるからです。

　消費税率8％あるいは10％というのは，消費税と地方消費税の合計のことですが，消費税と地方消費税の内訳をまとめると次のようになります。

| | 平成1.4.1-平成9.3.31 | 平成9.4.1-平成26.3.31 | 平成26.4.1-令和1.9.30 | 令和1.10.1- | |
				軽減	標準
消費税	3%	4%	6.3%	6.24%	7.8%
地方消費税	－	1%	1.7%	1.76%	2.2%
合計	3%	5%	8%	8%	10%

3．税率引上げに係る経過措置

　税率が10％に引き上げられた後も，一定の要件を満たす取引については，旧税率が据え置かれるという経過措置が設けられています。

　経過措置は，令和1年10月1日をまたぐ取引に適用されるものと，引上げの半年前（平成31年3月31日）までに契約等をしていると適用されるものと，大きく2つに分類できます。

令和元年10月１日をまたぐ期間に適用されるもの	引上げの半年前・平成31年３月31日までに契約等していると適用されるもの
旅客運賃等 電気料金等 特定新聞 家電リサイクル料	請負工事等 資産の貸付け 指定役務の提供（いわゆる互助会，冠婚葬祭） 予約販売等に係る書籍 通信販売 有料老人ホームの入居一時金

Ⅲ．軽減税率

１．軽減税率の対象

軽減税率の対象として規定されているのは，次の２つです。

① 飲食料品の譲渡（酒類，外食サービスを除く） ② 定期購読契約に基づく新聞の譲渡

出前やテイクアウト，電子新聞などが軽減税率の対象になるかどうかを，表で示すと次のようになります。

軽減税率の対象８％	軽減税率の対象外10％
飲食料品の譲渡	酒類の譲渡
テイクアウト・宅配	外食
出前	ケータリング
有料老人ホームの食事	
学校給食	学生食堂，社員食堂で提供される食事
一体資産のうち要件を満たすもの	一体資産のうち要件を満たさないもの
定期購読契約に基づく新聞の譲渡	駅やコンビニで販売される新聞，電子新聞

２．飲食料品とは

軽減税率の対象となる飲食料品とは，食品表示法に規定する食品をいいますが，酒類は軽減税率の対象から除かれています。なお，ここで酒類とは，酒税法に規定する酒類のことをいい，アルコール分１度以上の飲料をいいます。

食品表示法に規定する食品とは，全ての飲食物をいい，医薬品や医薬部外品等を除き，食品衛生法に規定する添加物を含むものとされています。なお，ここでいう飲食物とは，人の飲用または食用に供されるものをいいます。

例えば，重曹は食品添加物ですが，人の食用に販売されることもあれば，清掃用として販売される場合もあります。軽減税率が適用されるかどうかの判定は，売り手が販売時点で行うこととされていますので，売り手が人の飲用又は食用として販売する重曹は，たと

I 基本編

II 実例編

II 1 寿司屋（個人）

II 2 賃貸（個人）農業と不動産

II 3 雑貨と食品（法人）

II 4 精肉店（法人）

III 廃業手続編

え購入者が清掃用に使用したとしても，軽減税率の対象となります。逆に，清掃用として販売されている重曹は，たとえ，購入者が食用として購入したとしても，軽減税率の対象ではありません。

《 軽 減 税 率 の 対 象 と な る 飲 食 料 品 の 範 囲 》

軽減税率対象　標準税率対象

テイクアウト・宅配等

外食

酒類

ケータリング等

有料老人ホーム等で行う飲食料品の提供

一体資産

tea

飲食料品
（食品表示法に規定する食品）
＝
人の飲用又は食用に供されるもの

milk

医薬品・医薬部外品等

出典：国税庁『消費税軽減税率制度の手引き』令和元年8月版9頁。

3．一体資産の適用税率

　食品が軽減税率の対象で，食品ではない物には標準税率が適用されるとしますと，食品と食品以外の資産が一体となった物の税率はどうなるの，という疑問が生じます。このように，食品と食品以外の資産が一体となったものを「一体資産」といいます。例えば，おまけ付きのお菓子，お酒とノンアルコールの飲料の詰め合わせ，高価な重箱に入ったおせちなどが挙げられます。

　一体資産には原則として，標準税率が適用されます。ただし，①税抜の対価の額が1万円以下であり，②食品の価額が全体の3分の2以上である場合には，その全体が軽減税率の対象になります。

　一体資産であるためには，あらかじめ，一の資産を構成していることが必要とされていますので，「よりどり3品〇円」などとして，顧客が自由に選べるものは一体資産に該当しません。一体資産に該当しない場合には，対価の額を食品と食品以外の部分に合理的に按分して，それぞれの税率を適用することになります。

4．外食は軽減税率の対象外

　軽減税率の対象となる飲食料品の譲渡からは，外食サービスによる食事の提供が除かれています。ここでの「外食」とは，飲食店業等を営む者がテーブル，椅子，カウンターその他の飲食に用いられる設備（「飲食設備」といいます）のある場所において，飲食料品を飲食させる役務の提供をいいます。

　飲食設備は規模，目的を問わないとされていますので，カウンターだけの立ち飲み屋，屋台のそば屋に椅子だけがある場合，ビールの空き箱を積み重ねて椅子にしたり机にしたりしている場合も飲食設備に当たることに注意が必要です。

　したがって，レストランや飲食店での食事の提供はもちろんのこと，ハンバーガーショップやコーヒーショップでの店内飲食や，フードコート，コンビニのイートインでの食事なども外食に該当して標準税率10％が適用されます。これに対して，牛丼店やハンバーガーショップ等のテイクアウトや持ち帰り販売，ピザの宅配や寿司の出前などは，飲食料品の販売ですので，軽減税率の対象となります。

　外食などについて，標準税率になるもの，軽減税率が適用されるものを整理すると次のようになります。

軽減税率8％（外食に当たらない）	標準税率10％（外食に当たる）
自動販売機による販売	セルフサービスの飲食店
屋台での飲食料品の販売（その屋台に飲食設備がない場合又は持ち帰りの場合）	屋台での食事の提供（その屋台に設置した飲食設備で飲食させる場合）
ファーストフード店でのテイクアウト	ファーストフード店での店内飲食
寿司屋等でのお土産	飲食店で注文した食事の残りを持ち帰る場合
公園のベンチでの飲食	フードコートでの飲食
列車内の移動ワゴン販売	列車内の食堂施設での飲食
	カラオケボックスの客室での飲食
ホテルの冷蔵庫での飲食料品の販売	ルームサービス
出前，宅配	ケータリング，料理代行サービス
有料老人ホームでの一定の飲食料品の提供，学校給食	社員食堂，学生食堂

5．軽減税率の対象となる新聞とは

　軽減税率の対象には，飲食料品の譲渡以外に，新聞の譲渡も含まれます。しかし，単に新聞の譲渡であれば軽減税率の対象となるわけではなく，次の要件を全て満たす必要があります。

① 一定の題号を用いているもの
② 政治，経済，社会，文化等に関する一般社会的事実を掲載するもの
③ 週2回以上発行されるもの
④ 新聞であるもの
⑤ 定期購読契約に基づいて譲渡されるもの

　したがって，これらの要件をすべて満たせば，スポーツ新聞でも，業界紙でも，日本語以外の新聞でも対象になります。しかし，駅やコンビニで売っている新聞は，定期購読契約に基づくものではないため軽減税率の対象ではありませんし，雑誌や電子新聞も軽減税率の対象ではありません（電子新聞は，形のないものなので，消費税法上は譲渡ではなく，役務の提供に当たります）。

6. 農林水産業と簡易課税

　飲食料品に軽減税率が導入されますと，飲食料品を生産販売している事業者には影響が生ずるはずです。そこで，農林水産業のうち，食用の農林水産物を生産する事業については，簡易課税の事業区分を変更するという改正がありました。
　農林水産業は，従来，全て第三種事業としてみなし仕入率70％が適用されてきました。これに対し，農林水産業のうち，軽減税率が適用される食用の農林水産物を生産する事業については，新しく第二種事業とされ，みなし仕入率は80％が適用されることになります。この改正は令和元年10月1日から適用されます。

	新しく第二種に該当する品目	軽減税率導入後も第三種である品目
農業	食用の米 食用であるかぼちゃ，ひまわり等の種 屠殺して精肉とした牛や豚等 菊など食用の花卉	糊など工業の原材料としての米，種籾 栽培用として販売される種子 生育の後生きたまま出荷する牛や豚等 観賞用の花卉 芝，イグサ等
林業	食用のキノコ，山野草等	観賞用のキノコ，山野草 木材
水産業	生きている魚介類	真珠等

Ⅳ. 価格表示と転嫁対策法

1. 価格表示の方法

　軽減税率の導入による複数税率制のもとでは，税込・税抜・標準税率による価格・軽減税率による価格を明らかにしないと，消費者が混乱します。軽減税率導入後の価格表示については，次のような方法が示されています（消費者庁・財務省・経済産業省・中小企業庁「消費税の軽減税率制度の実施に伴う価格表示について」（平成30年5月18日））。

【テイクアウトと店内飲食，両方の税込価格を表示する方法】

```
        メニュー
 ハンバーガー      330 円
               （324 円）
 オレンジジュース  165 円
               （162 円）
 ○○セット        550 円
               （540 円）
 ※下段はテイクアウトの
   値段となります。
```

```
            メニュー
             店内飲食  （出前）
 かけそば    770 円   （756 円）
 天ぷらそば  990 円   （972 円）
 天丼        880 円   （864 円）
```

【どちらか片方の税込価格を表示する方法】

```
        メニュー
 ハンバーガー        330 円
 オレンジジュース    165 円
 ○○セット          550 円
 ※テイクアウトの場合，税率が
   異なりますので，別価格とな
   ります。
```

```
        出前メニュー
 かけそば            756 円
 天ぷらそば          972 円
 天丼                864 円
 ※店内飲食の場合，税率が異
   なりますので，別価格とな
   ります。
```

【テイクアウトも店内飲食も同じ税込価格に統一して，一の税込価格を表示する方法】

```
        メニュー
 チーズバーガー    350 円
 リンゴジュース    180 円
 △△セット        600 円
```

```
        メニュー
 かけうどん        600 円
 天ぷらうどん      800 円
 かつ丼            850 円
```

【税抜価格を表示する方法】

（両方の消費税額を表示）　　　　　　　　　　（片方の消費税額を表示）

```
              メニュー
            本体価格（税額：店内飲食/テイクアウト）
 ハンバーガー       300 円   （30 円/24 円）
 オレンジジュース   150 円   （15 円/12 円）
 ○○セット         500 円   （50 円/40 円）
```

```
        出前メニュー
 かけそば      700 円  ＋56 円
 天ぷらそば    900 円  ＋72 円
 天丼          800 円  ＋64 円
 ※店内飲食の場合，税率が
   異なるため消費税額が異
   なります。
```

2．転嫁対策法

　消費税が適正に転嫁されることを確保するために，平成25年10月１日からいわゆる転嫁対策法が施行されています。転嫁対策法のポイントは次の４点です。

(1)　「消費税を払わない」のはいけません

　商品を購入する買い手側，あるいは工事を発注する元請側など，代金を支払う側の者が，転嫁を拒否する行為をすることは禁止されています。

　具体的には，「消費税相当分の減額を求める」，「本体価格の値下げを求める（買いたたき）」，「消費税率引上げ分の上乗せを認める代わりに，抱合わせ販売や利益の提供を求める」，「税抜の本体価格で価格交渉をしたいとの申出を拒否する」，「報復として取引数量を減らしたり取引を停止する」といった行為です。

(2)　「消費税はもらいません」もいけません

　商品を販売する際に，消費税を転嫁していないとか，消費税分を値引きするという宣伝や広告をすることは禁止されています。

　具体的には，「消費税は転嫁しません」，「消費税は当店が負担しています」，「消費税率上昇分値引きします」「消費税相当分のポイントを付与します」といった表示をすることです。

(3)　税抜表示は可能です

　価格を税抜で表示するか，税込で表示するかについて，現行法では，税込で表示するのが原則で，これを総額表示といいますが，転嫁対策法によって，表示価格が税込価格であると誤認されないようにしてあれば，税抜で表示することも認められています。

　認められる具体例は次のようなものです。

・○○円（税抜），○○円（税抜価格），○○円（本体価格），○○円＋税　といった表示
・値札は税抜価格のみ表示しているが，店内の目につきやすい場所に，「当店の価格はすべて税抜価格となっています」といった掲示をする。

(4)　業界団体での対応も可能です

　転嫁に対して自社だけ適切に対応しても，同業他社が対応しないと意味がありません。そこで転嫁対策法では，業界団体全体として，転嫁をどうするか，表示をどうするかを決めることができるとされています。

Ⅴ．４年間の簡素な方法

【タイムスケジュールのイメージ図】

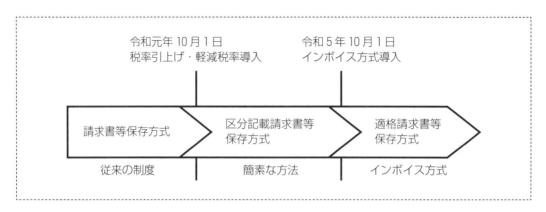

1．区分記載請求書等とは

　軽減税率が導入されると，消費税は８％と10％の複数税率になりますので，税率ごとに区分して経理する必要が生じます。令和元年10月１日の軽減税率の導入から４年間は，区分経理を「簡素な方法」で行うことができるとされていて，この間に適用される方式を「区分記載請求書等保存方式」といいます。

　これに対して，令和元年９月30日まで適用されていた方式を「請求書等保存方式」といいます。

2．区分記載請求書の記載事項

　区分記載請求書等保存方式では，それまでの請求書等保存方式の記載事項に，「軽減税率の対象である場合にはその旨」，「税率ごとに合計した取引金額」を追加するように求められます。請求書等保存方式と区分記載請求書等保存方式の請求書等の記載事項を整理すると次のようになります。

【区分記載請求書等の記載事項】

従来の請求書等	請求書の作成者の名前，取引の年月日，取引の内容，取引金額，受け取る相手方の名前
区分記載請求書等	【＋２項目の追加事項】 ＋　軽減税率の対象である場合はその旨 ＋　税率ごとに合計した取引金額

3．追記が可能

軽減税率の導入によって税率ごとの区分経理が必要になったといっても，事業者によっては対応できないことが予想されます。そこで，令和元年10月1日からの4年間は，区分記載請求書等の記載事項を満たさない請求書等を受領した場合には，受領した側で必要事項を追記することが認められます。

4．区分記載請求書の作成例

区分記載請求書の具体的な記載例については，次の3種類が示されています。

①軽減税率の対象に記号をつける方法

請求書

㈱○○御中　　　　xx年11月30日
11月分 131,200円（税込）

日付	品名	金額
11/1	小麦粉 ✓	5,400円
11/1	キッチンペーパー	2,200円
11/2	牛肉 ✓	10,800円
⋮	⋮	⋮
	合計	131,200円
	10%対象	88,000円
	8%対象	43,200円

✓印は軽減税率対象品目

△△商事㈱

②同一請求書内で，税率ごとに商品を区分する方法

請求書

㈱○○御中　　　　XX年11月30日
11月分 131,200円（税込）

日付	品名	金額
11/1	小麦粉	5,400円
11/2	牛肉	10,800円
⋮	⋮	⋮
	8%対象 小計	43,200円
11/1	キッチンペーパー	2,200円
⋮	⋮	⋮
	10%対象 小計	88,000円
	合計	131,200円

△△商事㈱

③税率ごとに請求書を分ける方法

○　軽減税率対象分

請求書

（軽減税率対象）

㈱○○御中　　　　XX年11月30日
11月分 43,200円（税込）

日付	品名	金額
11/1	小麦粉	5,400円
11/2	牛肉	10,800円
⋮	⋮	⋮
	合計	43,200円

△△商事㈱

○　標準税率対象分

請求書

㈱○○御中　　　　XX年11月30日
11月分 88,000円（税込）

日付	品名	金額
11/1	キッチンペーパー	2,200円
⋮	⋮	⋮
	合計	88,000円

△△商事㈱

①の方法で使用する記号は決められていませんので，「※」「☆」「軽」「K」など，何を使用してもよいのですが，書きやすさの点から「✓」がいいのではないかと思います。

5．8％の売上がない場合，売上の全部が8％の場合

　軽減税率の対象品目は，飲食料品と新聞に限られていますから，軽減税率の対象売上がない事業者も多く存在します。軽減税率の対象売上がない場合の区分記載請求書はどうなるのでしょうか。

　区分記載請求書等保存方式の追加項目は，「軽減税率の対象である場合にはその旨」と，「税率ごとに合計した取引金額」の2項目です。だとすると，軽減税率の対象品目の取扱いがない場合には，追加する事項はなく，今までと同じでよいということになります。

　逆に，全ての商品が軽減税率の対象の場合には，軽減税率の対象である旨を記載するよう求められています。具体的には，「全商品が軽減税率対象」などと書くことが必要です。

Ⅵ．区分できない事業者のための特例

1．対象となる事業者

　軽減税率の導入後は，税率ごとの区分経理ができない事業者もいることでしょう。そこで，税率ごとに区分して経理することが困難な事業者のうち，基準期間における課税売上高が5,000万円以下である中小事業者については，特例が設けられています。

　なお，軽減税率の導入が決まった平成28年3月当時は，基準期間における課税売上高が5,000万円を超える事業者についても特例が設けられていましたが，その後の改正で削除されていますので，ご注意ください。

2．売上に対する特例

　売上を税率ごとに区分できないということは，8％の売上と10％の売上について区分できていない税込の合計売上高がある，ということになります。

　これに，一定の率を乗ずることによって，軽減税率の対象売上高と標準税率の売上高に区分しようというのが，売上に対する特例の考え方です。

【売上に対する特例のイメージ図】

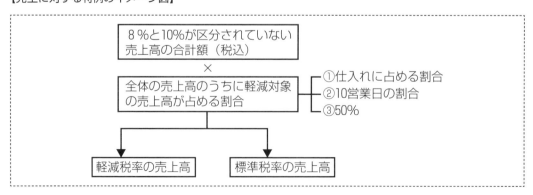

(1) 仕入れに占める割合（小売等軽減仕入割合）

　卸売業，小売業を営む事業者については，全体の仕入れの金額のうちに，軽減税率対象の仕入れがいくらあるかという割合を使用して，計算することができます。ただし，簡易課税によっている事業者はこの割合を適用することができません。

(2) 10営業日の割合（軽減売上割合）

　通常の事業を行う連続する10営業日の売上全体のうちに，同じ期間における軽減税率の売上が占める割合を使って計算する方法も設けられています。

　通常の事業を行う10営業日は，クリスマス，バレンタインといったバーゲンセール期間でも，通常の営業であれば集計対象にできます。集計対象とすることができないのは，通常，飲食料品と飲食料品以外を取り扱う事業者が，ある10日間だけ飲食料品のみを販売する場合のような，特別な営業を行う期間です。

(3) 50％とする方法

　(1)(2)によることが困難で，主として軽減税率対象品目を扱っている事業者については，50％として計算することができます。ここで「主として」とは，軽減税率の対象売上がおおむね50％以上あることをいいます。

3．仕入れに対する特例（売上に占める割合（小売等軽減売上割合））

　売上を税率ごとに区分することはできるけれども，仕入れを税率ごとに区分することができない事業者にも，特例が設けられています。

　その内容は，売上に対する特例(1)と同様に，8％と10％が混在して集計された税込の仕入高に，売上高全体の金額のうち軽減税率の売上高が占める割合を乗じて計算するというものです。この特例も，卸売業，小売業を営む事業者しか適用することができません。

4．簡易課税を後で選択できる特例

　簡易課税を適用するためには，適用しようとする課税期間の開始前に，簡易課税制度選択届出書を提出するのが原則ですが，課税仕入れを税率ごとに区分することが困難である事業者については，届出書を提出した課税期間から簡易課税を適用することができるという特例，すなわち，後から簡易課税を選択することができる特例が設けられています。

5．適用期間

(1) 売上に対する特例

　売上に対する特例の適用期間は，令和元年10月1日から令和5年9月30日の4年間です。

Ⅰ 基 本 編

Ⅱ 実 例 編

Ⅱ 1 寿 司 屋（個 人）

Ⅱ 2 農業と不動産 賃貸（個人）

Ⅱ 3 雑 貨 と 食 品（法 人）

Ⅱ 4 精 肉 店（法 人）

Ⅲ 廃 業 手 続 編

(2)　仕入れに対する特例

　仕入れに対する特例の適用期間は，令和元年10月1日から，令和2年9月30日の属する課税期間の末日までです。開始日は令和元年10月1日に固定されていますが，終了日は課税期間によって変動します。

　例）事業年度が1年で8月決算の場合：令和元年10月1日から令和3年8月31日まで

(3)　簡易課税を後で選択できる特例

　簡易課税を後で選択することができる特例の適用期間は，令和元年10月1日から令和2年9月30日の属する課税期間です。これは，開始日についても課税期間によって変動し，終了日についても課税期間によって変動します。

　例）事業年度が1年で10月決算の場合：平成30年11月1日から令和2年10月31日まで

VI.　インボイス

1．インボイス方式の概要

　令和5年10月1日からは，インボイス方式，正式名称は「適格請求書等保存方式」が導入されます。「インボイス」とは，英語で請求書のことですが，ここでいうインボイスとは，消費税の規定にしたがって適正に作成された請求書等のことを指します。

　インボイス方式においては，インボイスの交付に代えて，電子データを提供することができるようになりますが，これを電子インボイスといいます。

2．発行事業者登録制度
(1)　登　　録

　インボイス方式に移行後は，「適格請求書発行事業者」として登録した事業者しか，インボイス（適格請求書等）を交付することができなくなります。適格請求書発行事業者とは，消費税の課税事業者であって，所轄税務署長に申請書を提出して登録を受けた事業者をいいます。適格請求書発行事業者の登録は，令和3年10月1日より開始します。

　適格請求書発行事業者として登録すると，氏名または名称，登録番号等が，インターネットによって公表されます。

(2)　登録の取消し

　適格請求書発行事業者として登録している者は，届出書を提出することにより自らその登録を取りやめることができるほか，税務署長は，登録事業者が1年以上所在不明であったり，消費税の規定に違反して罰金以上の刑に処せられたときは，その登録を取り消すことができます。

(3) 義　　務

　適格請求書発行事業者は，他の事業者（免税事業者を除く）から求められたときは，インボイスを交付する義務があります。また，交付したインボイスの写しや電子データを保存しなくてはなりません。インボイス方式になりますと，インボイスは適格請求書発行事業者しか交付することができなくなるわけですから，誤りがあった場合には，修正して再発行する義務があります。

　また，適格請求書発行事業者は，偽りの記載をしたインボイスを交付してはいけませんし，適格請求書発行事業者でない者は，インボイスと誤認される恐れのある書類を作成することは禁止されています。

(4) 登録しなくてもよい

　適格請求書発行事業者の登録は任意ですので，登録したくない，あるいは，登録する必要がない事業者は，課税事業者であっても登録しなくてもよいとされています。

3．記載事項

　インボイス方式に移行後は適格請求書に，区分記載請求書の記載事項に，「適格請求書発行事業者登録番号」，「適用税率」，「消費税額等」の3項目を追加します。

【適格請求書の記載事項】

	従来の請求書	請求書の作成者の名前，取引の年月日，取引の内容，取引金額，受け取る相手方の名前
	区分記載請求書	軽減税率の対象である場合はその旨 税率ごとの取引金額
	適格請求書	【＋3項目の追加事項】 ＋　適格請求書発行事業者登録番号 ＋　適用税率 ＋　消費税額等

4．作成例

(1) 適格請求書

　それでは，適格請求書の作成例を示します。

　次の請求書は，15頁で説明した区分記載請求書を適格請求書に作成しなおしたものです。□□□□が適格請求書になって追加された項目です。

```
          請求書
㈱○○御中          xx年11月30日
  11月分 131,200円(税込)
┌──────┬─────────┬─────────┐
│ 日付  │ 品名     │ 金額     │
├──────┼─────────┼─────────┤
│ 11/1  │ 小麦粉 ✓ │ 5,400円  │
├──────┼─────────┼─────────┤
│ 11/1  │ キッチンペーパー │ 2,200円 │
├──────┼─────────┼─────────┤
│ 11/2  │ 牛肉 ✓   │ 10,800円 │
├──────┼─────────┼─────────┤
│  ⋮   │  ⋮      │  ⋮      │
├──────┼─────────┼─────────┤
│       │ 合計     │ 131,200円│
├──────┼─────────┼─────────┤
│       │ 税込金額 │ うち消費税額│
├──────┼─────────┼─────────┤
│10%対象│ 88,000円 │ 8,000円  │
├──────┼─────────┼─────────┤
│8%対象 │ 43,200円 │ 3,200円  │
└──────┴─────────┴─────────┘
✓印は軽減税率対象品目
               △△商事㈱
┌────────────────────────┐
│ 適格請求書発行事業者登録番号: │
│        T1234567890123     │
└────────────────────────┘
```

<u>適格請求書</u>といいますが，領収書も認められます。次は領収書の作成例です。

```
              領収書

 御殿場太郎 様          令和5年10月31日

            金10,000円

 但 野菜✓ 雑貨代   8%  3,000円  うち消費税額 222円
                 10% 7,000円      〃    636円

          上記正に領収しました

                 芹澤商事
 (✓印は軽減税率対象品目) 適格請求書発行事業者登録番号
                   T1234567890123
```

(2) 適格簡易請求書

　小売業，飲食店業，写真業，旅行業，タクシー業，駐車場業等の，不特定多数の者と取引する事業者は，適格請求書よりも記載事項が少ない，「適格簡易請求書」を交付することができます

　適格簡易請求書は，適格請求書の記載事項と比べ，「受け取る相手方の名前を記載しなくてよい」という点と，「消費税額等と適用税率のどちらかを記載すればよい」とされている点が異なります。

前頁で示した領収書について，適格簡易請求書として作成しなおしますと，×印を付した2項目の記載が不要になります。

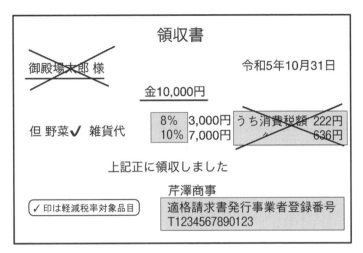

適格簡易請求書は，レジで発行されるレシートである場合が多いのですが，レシートだと記載事項が少ないという特徴が顕著になり，区分記載請求書に登録番号と税率だけ加えればよいということになります。

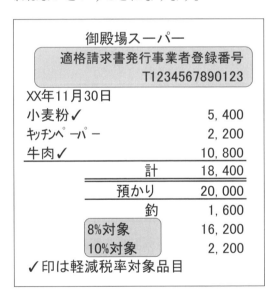

5．仕入税額控除の要件が厳しくなる

⑴　インボイスの保存が要件に

　インボイス方式に移行後は，インボイスの保存が仕入税額控除の要件になります。これは，単にインボイスを捨てずに保管する必要がある，という意味ではなく，インボイスを交付することができる適格請求書発行事業者からの課税仕入れしか，仕入税額控除の対象にならないことを意味します。

　だとすると，適格請求書発行事業者の登録は，課税事業者しかできないわけですから，インボイス方式に移行後は，免税事業者からの課税仕入れは，仕入税額控除の対象にならないということになります。仕入税額控除ができなくなるということは，マイナスするものが減るわけですから，納税額は増えるということです。したがって，取引先に免税事業者がいる場合，インボイス方式の導入によって税負担が増えることになります。

(2)　6年間の経過措置

　しかし，インボイスの導入と同時に，適格請求書発行事業者以外の者からの課税仕入れについて，全く仕入税額控除ができなくなるのは問題ですから，6年間の経過措置が設けられています。すなわち，令和5年10月1日からの3年間は，適格請求書発行事業者以外からの課税仕入れについてもその80％について，また，令和8年10月1日からの3年間は50％について，仕入税額控除の対象とすることができます。

【6年間の経過措置のイメージ図】

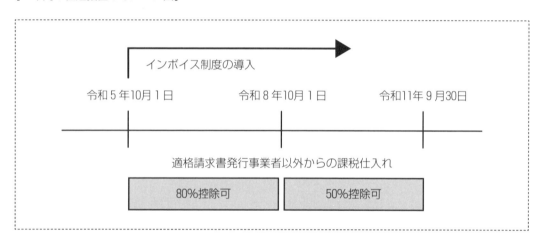

(3)　3万円未満，やむを得ない理由がある場合の特例が廃止

　従来の請求書等保存方式と，令和元年10月1日から4年間の区分記載請求書等保存方式では，「3万円未満の取引」と，「請求書等の交付を受けることができなかったことにやむを得ない理由がある場合」には，請求書等の保存がなくても仕入税額控除が認められますが，インボイス方式に移行後は，この特例が廃止されますので，注意が必要です。したがって，インボイス方式の下では，取引金額が少額であっても，インボイスの交付を求める必要があるということになります。

Ⅱ 実例編　はじめに

　令和元年10月からの消費税率引上げに伴い，消費税及び地方消費税申告に必要な書類が大幅に変更，追加されました。ここでは個人（作成例１，２）と法人（作成例３，４），それぞれ２種類ずつの実例を用意しました。よく使う項目を中心に基本的な流れを確認しながら，記載方法を説明していきます。

　作成例で使用する様式は以下のとおりです。なお，この様式は，国税庁ホームページの「ホーム／税の情報・手続・用紙／申告手続・用紙／申告・申請・届出等，用紙（手続の案内・様式）／確定申告等情報／消費税・地方消費税／消費税及び地方消費税の確定申告の手引き等」（http://www.nta.go.jp/taxes/tetsuzuki/shinsei/shinkoku/shohi/06.htm：令和２年１月15日確認）に収録されています。

【作成例で使用する様式一覧】

第一表　消費税及び地方消費税確定申告書（一般用／簡易課税用）

第二表　消費税及び地方消費税確定申告書

付表１－１　税率別消費税額計算表 兼 地方消費税の課税標準となる消費税額計算表

付表１－２　税率別消費税額計算表 兼 地方消費税の課税標準となる消費税額計算表
　　　　　〔経過措置対象課税資産の譲渡等を含む課税期間用〕

付表２－１　課税売上割合・控除対象仕入税額等の計算表

付表２－２　課税売上割合・控除対象仕入税額等の計算表〔経過措置対象課税資産の
　　　　　譲渡等を含む課税期間用〕

付表４－１　税率別消費税額計算表 兼 地方消費税の課税標準となる消費税額計算表

付表４－２　税率別消費税額計算表 兼 地方消費税の課税標準となる消費税額計算表
　　　　　〔経過措置対象課税資産の譲渡等を含む課税期間用〕

付表５－１　控除対象仕入税額等の計算表

付表５－２　控除対象仕入税額等の計算表〔経過措置対象課税資産の譲渡等を含む課
　　　　　税期間用〕

表イ－１　課税取引金額計算表（事業所得用）

表イ－２　課税取引金額計算表（農業所得用）

表イ－３　課税取引金額計算表（不動産所得用）

表ロ　課税売上高計算表

表ハ　課税仕入高計算表

一般課税の場合

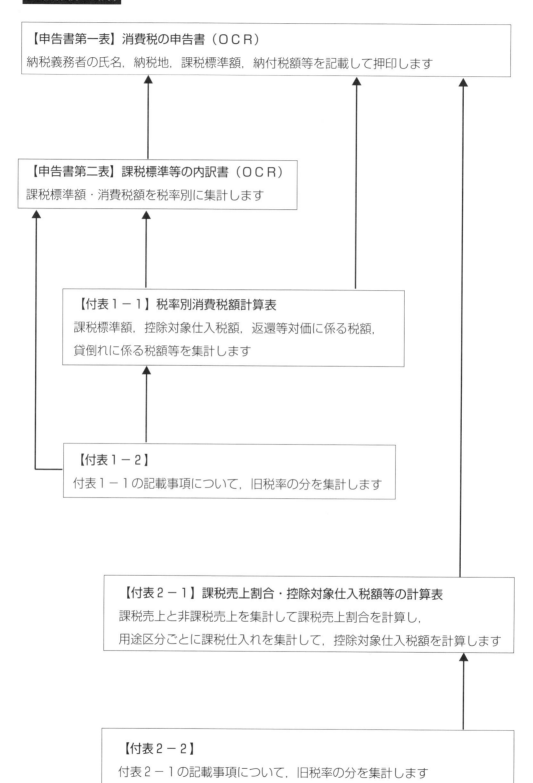

【申告書第一表】消費税の申告書（ＯＣＲ）

納税義務者の氏名，納税地，課税標準額，納付税額等を記載して押印します

【申告書第二表】課税標準等の内訳書（ＯＣＲ）

課税標準額・消費税額を税率別に集計します

【付表１－１】税率別消費税額計算表

課税標準額，控除対象仕入税額，返還等対価に係る税額，

貸倒れに係る税額等を集計します

【付表１－２】

付表１－１の記載事項について，旧税率の分を集計します

【付表２－１】課税売上割合・控除対象仕入税額等の計算表

課税売上と非課税売上を集計して課税売上割合を計算し，

用途区分ごとに課税仕入れを集計して，控除対象仕入税額を計算します

【付表２－２】

付表２－１の記載事項について，旧税率の分を集計します

簡易課税の場合

【申告書第一表】消費税の申告書（簡易課税用）（OCR）

一般課税と同様の記載内容ですが，簡易課税独自の記載事項があります

【申告書第二表】課税標準等の内訳書（OCR）

一般課税と共通の用紙です

【付表4-1】税率別消費税額計算表

一般課税と同様の記載内容ですが，異なるところがあります

【付表4-2】

付表4-1の記載事項について，旧税率の分を集計します

【付表5-1】控除対象仕入税額等の計算表

事業区分ごとに消費税額を集計し，みなし仕入率によって，控除対象仕入税額を計算します。この付表は2頁から成ります

なお，簡易課税の場合は課税売上割合を計算する必要がないので，課税売上割合の計算欄はありません

【付表5-2】

付表5-1の記載事項について，旧税率の分を集計します。この付表も2頁から成ります

Ⅱ　実例編　作成例1

お寿司屋さんを営んでいる個人事業者

中央一郎さんは，お寿司屋さんを営んでいる個人事業者です。
① 店内飲食（10%），持ち帰り（8%），出前（8%）のほか出張料理（10%）にも応じています。
② 基準期間の売上高は1億円（税抜）。
③ 消費税及び地方消費税の会計処理は税込経理方式で，申告は一般課税です。
④ 10月に出前用バイクを7万円（10%税込）で売却しました。

Ⅰ．作成上の注意

1．税率ごとの集計と用紙

軽減税率が導入され，わが国の消費税は複数税率になった上に，申告にあたっては，旧税率分も集計する必要がありますから，税率引上げ，軽減税率導入後初めての申告では，旧税率分・軽減税率分・標準税率分を集計しなくてはならないことになります。

ここで，旧税率の8％と軽減税率の8％は，同じ8％でも，国税と地方消費税の内訳が異なる点に注意が必要です（7頁参照）。

税率ごとの集計を会計ソフトなどコンピュータでできる方はいいのですが，手書きで集計する方は，国税庁が「課税取引金額計算表」という様式を公表していますので，活用すると良いでしょう。

この用紙は，23頁の国税庁ホームページのアドレスから入手可能です。「各種計算表の様式（個人事業者用）」に収録されています。個人に限らず，法人でも使用できます。
① 表イー1　課税取引金額計算表（事業所得用）
② 表イー2　課税取引金額計算表（農業所得用）
③ 表イー3　課税取引金額計算表（不動産所得用）

2．個人事業者と所得区分

消費税の課税売上は，事業所得に係るものだけではありません。不動産所得や農業所得，譲渡所得，あるいは山林所得や雑所得の中にも課税売上があります。消費税の申告においては，全ての所得に係る課税売上を集計する必要がありますので，忘れないようにしま

しょう。

　全ての所得に係る課税売上および課税仕入れを集計するためには，先に述べた国税庁の「表ロ　課税売上高計算表」と「表ハ　課税仕入高計算表」を利用すると便利です。

Ⅱ．申告書の作成

1．作成手順
PART 1　課税売上を集計します

　手順1から手順5

PART 2　課税売上割合を計算します

　手順6から手順7

PART 3　課税仕入れの集計と控除対象仕入税額を計算します

　手順8から手順12

PART 4　控除税額と差引税額を計算します

　手順13から手順14

PART 5　地方消費税を計算します

　手順15から手順16

PART 6　申告書へ転記し納付税額を計算します

　手順17から手順18

2．記載例

PART 1　課税売上の集計

手順1　売上，仕入れ・経費を税率ごとに集計します

❶　売上高と仕入高，経費を税率別に集計します。

❷　中央一郎さんはお寿司屋さんですが，店内飲食と出張料理は標準税率10%が，持ち帰りと出前には軽減税率8%が適用されます。先に紹介した国税庁の用紙のうち，「表イ－1　課税取引金額計算表（事業所得用）」を使用して集計すると，次ページのようになります。

手順1　　　　　　　　　　　　　　　　　　　　　　　表イ−1

課 税 取 引 金 額 計 算 表

（令和　1　年分）　　　　　　　　　　　　　　　　　　　　　　　（事業所得用）

科　　目	決　算　額 A	Aのうち課税取引にならないもの B	課税取引金額 (A−B) C	R1.9.30以前(※) うち旧税率 6.3%適用分 D	R1.10.1以後(※) うち軽減税率 6.24%適用分 E	うち標準税率 7.8%適用分 F
売上（収入）金額（雑収入を含む）①	130,060,000		130,060,000	97,200,000	7,560,000	25,300,000
期首商品棚卸高②	842,400					
仕入金額③	71,533,000		71,533,000	53,460,000	4,158,000	13,915,000
小計④	72,375,400					
期末商品棚卸高⑤	770,000					
差引原価⑥	71,605,400					
差引金額⑦	58,454,600					
租税公課⑧	420,000	420,000	0			
荷造運賃⑨	794,220		794,220	592,920		201,300
水道光熱費⑩	1,236,900		1,236,900	923,400		313,500
旅費交通費⑪	820,260		820,260	612,360		207,900
通信費⑫	911,400		911,400	680,400		231,000
広告宣伝費⑬	3,124,800		3,124,800	2,332,800		792,000
接待交際費⑭	1,562,400		1,562,400	896,400	270,000	396,000
損害保険料⑮	240,000	240,000				
修繕費⑯	846,300		846,300	631,800		214,500
消耗品費⑰	1,145,760		1,145,760	855,360		290,400
減価償却費⑱	1,020,000	1,020,000				
福利厚生費⑲	650,200		650,200	486,000	43,200	121,000
給料賃金⑳	25,200,000	25,200,000	0			
外注工賃㉑	6,249,600		6,249,600	4,665,600		1,584,000
利子割引料㉒	580,000	580,000				
地代家賃㉓	3,775,800		3,775,800	2,818,800		957,000
貸倒金㉔						
新聞図書費㉕	103,680		103,680	77,760	25,920	
㉖						
㉗						
㉘						
㉙						
㉚						
雑費㉛						
計㉜	48,681,320	27,460,000	21,221,320	15,573,600	339,120	5,308,600
差引金額㉝	9,773,280					
③＋㉜㉞	120,214,320		92,754,320	69,033,600	4,497,120	19,223,600

※　令和元年10月1日以後に行われる取引であっても、経過措置により旧税率が適用される場合があります。

手順2①　表ロ①へ　太枠の箇所は課税売上高計算表及び課税仕入高計算表へ転記します。

手順8②

手順8② 表ハ①へ

手順2　課税売上を集計します

❶　「表ロ　課税売上高計算表」を利用して，事業所得以外の所得も含めた，全ての所得に係る課税売上を集計します。「表イ－1　課税取引金額計算表（事業所得用）」の「①売上（収入）金額（雑収入を含む）」の金額を「①営業等課税売上高」に転記します。

❷　本事例では，出前用バイクの課税売上高を忘れないようにしましょう。出前用バイクを売却した金額は「(4)業務用資産の譲渡所得に係る課税売上高」に記載します。

❸　「⑩課税売上高の合計額」に「①営業等課税売上高」＋「②農業課税売上高」＋「③不動産所得に係る課税売上高」＋「⑥その他の所得に係る差引課税売上高」＋「⑨業務用資産の譲渡所得に係る差引課税売上高」を計算して記入します。「(6)課税資産の譲渡等の対価の額」を計算します。税区分ごとに税抜金額を計算して，⑪⑫⑬欄に記入します。

手順3　課税標準額を記入します

　付表1－2と付表1－1の「①課税標準額」を記入します。課税標準額とは税抜の課税売上高の合計額のことです。付表1－1と付表1－2は，同じ内容の項目を集計する用紙ですが，付表1－2は，付表1－1の旧税率部分を集計する用紙です。「①－1　課税資産の譲渡等の対価の額」の千円未満を切り捨てて「①課税標準額」に記入します。

	転記元		転記先	
❶	課税売上高計算表(6)課税資産の譲渡等の対価の額の計算（税抜）	⑪旧税率6.3%	付表1－2	①税率6.3%適用分C
		⑫軽減税率6.24%	付表1－1	①税率6.24%適用分D
		⑬標準税率7.8%		①税率7.8%適用分E
❷	付表1－2	①税率3%適用分A＋①税率4%適用分B＋①税率6.3%適用分Cの合計金額	付表1－2	①旧税率分小計X
❸		同上		①旧税率分小計X
❹	付表1－1	①旧税率分小計X＋①税率6.24%適用分D＋①税率7.8%適用分Eの合計金額	付表1－1	①合計F

表ロ

課 税 売 上 高 計 算 表

（令和　1　年分）

（1）　事業所得に係る課税売上高		金　　額	R1.9.30以前(※)	R1.10.1以後(※)	
			うち旧税率 6.3%適用分	うち軽減税率 6.24%適用分	うち標準税率 7.8%適用分
営業等課税売上高　**手順2①**	①	表イー1の①C欄の金額 円 130,060,000	表イー1の①D欄の金額 円 97,200,000	表イー1の①E欄の金額 円 7,560,000	表イー1の①F欄の金額 円 25,300,000
農業課税売上高	②	表イー2の④C欄の金額	表イー2の④D欄の金額	表イー2の④E欄の金額	表イー2の④F欄の金額

（2）　不動産所得に係る課税売上高		金　　額	R1.9.30以前(※)	R1.10.1以後(※)	
			うち旧税率 6.3%適用分	うち軽減税率 6.24%適用分	うち標準税率 7.8%適用分
課税売上高	③	表イー3の④C欄の金額	表イー3の④D欄の金額	表イー3の④E欄の金額	表イー3の④F欄の金額

（3）　（　　　）所得に係る課税売上高		金　　額	R1.9.30以前(※)	R1.10.1以後(※)	
			うち旧税率 6.3%適用分	うち軽減税率 6.24%適用分	うち標準税率 7.8%適用分
損益計算書の収入金額	④				
④のうち、課税売上げにならないもの	⑤				
差引課税売上高（④−⑤）	⑥				

（4）　業務用資産の譲渡所得に係る課税 　　　売上高		金　　額	R1.9.30以前(※)	R1.10.1以後(※)	
			うち旧税率 6.3%適用分	うち軽減税率 6.24%適用分	うち標準税率 7.8%適用分
業務用固定資産等の譲渡収入金額	⑦	70,000			70,000
⑦のうち、課税売上げになら　**手順2②**	⑧				
差引課税売上高（⑦−⑧）	⑨	70,000			70,000

（5）　課税売上高の合計額　**手順2③** 　　　（①+②+③+⑥+⑨）	⑩	130,130,000	97,200,000	7,560,000	25,370,000

（6）　課税資産の譲渡等の対価の額の計算

97,200,000 円 × 100/108 税抜経理方式によっている場合、⑩旧税率6.3%適用分欄の金額に課税売上げに係る仮受消費税等の金額を加算して計算します。	⑪	(1円未満の端数切捨て)　　　　　　　　円 (一般用)付表1-2の①-1C欄へ (簡易課税用)付表4-2の①-1C欄へ 90,000,000
7,560,000 円 × 100/108 税抜経理方式によっている場合、⑩軽減税率6.24%適用分欄の金額に課税売上げに係る仮受消費税等の金額を加算して計算します。	⑫	(1円未満の端数切捨て) (一般用)付表1-1の①-1D欄へ (簡易課税用)付表4-1の①-1D欄へ 7,000,000
25,370,000 円 × 100/110 税抜経理方式によっている場合、⑩標準税率7.8%適用分欄の金額に課税売上げに係る仮受消費税等の金額を加算して計算します。	⑬	(1円未満の端数切捨て) (一般用)付表1-1の①-1E欄へ (簡易課税用)付表4-1の①-1E欄へ 23,063,636

※ 令和元年10月1日以後に行われる取引であっても、経過措置により旧税率が適用される場合があります。

課 税 売 上 高 計 算 表

表口

（６）　課税資産の譲渡等の対価の額の計算

$$\frac{97,200,000 \text{円} \times \frac{100}{108}}{}$$

税抜経理方式によっている場合、⑩旧税率6.3％適用分欄の金額に課税売上げに係る仮受消費税等の金額を加算して計算します。

⑪ （1円未満の端数切捨て）　　　　　　　　　円
（一般用）付表１－２の①－１Ｃ欄へ
（簡易課税用）付表４－２の①－１Ｃ欄へ
90,000,000

$$\frac{7,560,000 \text{円} \times \frac{100}{108}}{}$$

税抜経理方式によっている場合、⑩軽減税率6.24％適用分欄の金額に課税売上げに係る仮受消費税等の金額を加算して計算します。

⑫ （1円未満の端数切捨て）
（一般用）付表１－１の①－１Ｄ欄へ
（簡易課税用）付表４－１の①－１Ｄ欄へ
7,000,000

$$\frac{25,370,000 \text{円} \times \frac{100}{110}}{}$$

税抜経理方式によっている場合、⑩標準税率7.8％適用分欄の金額に課税売上げに係る仮受消費税等の金額を加算して計算します。

⑬ （1円未満の端数切捨て）
（一般用）付表１－１の①－１Ｅ欄へ
（簡易課税用）付表４－１の①－１Ｅ欄へ
23,063,636

※　令和元年10月1日以後に行われる取引であっても、経過措置により旧税率が適用される場合があります。

手順3①

第４－（５）号様式

付表１－２　税率別消費税額計算表　兼　地方消費税の課税標準となる消費税額計算表
〔経過措置対象課税資産の譲渡等を含む課税期間用〕

一般

手順3②

| 課税期間 | 31・1・1 ～ 1・12・31 | 氏名又は名称 | 中央　一郎 |

手順3①

区　　分	税率３％適用分 A	税率４％適用分 B	税率6.3％適用分 C	旧税率分小計 X （Ａ＋Ｂ＋Ｃ）
課税標準額　①	円 000	円 000	円 90,000,000	※付表1-1の①X欄へ 90,000,000
①の内訳 課税資産の譲渡等の対価の額 ①-1	※第二表の②欄へ	※第二表の③欄へ	※第二表の④欄へ 90,000,000	※付表1-1の①-1X欄へ 90,000,000
特定課税仕入れに係る支払対価の額 ①-2	※①-2欄は、課税売上割合が95%未満、かつ、特定課税仕入れがある事業者のみ記載する。		※第二表の⑧欄へ	※付表1-1の①-2X欄へ
消費税額　②	※第二表の⑫欄へ	※第二表の⑬欄へ	※第二表の⑭欄へ 5,670,000	※付表1-1の②X欄へ 5,670,000

手順3③

第４－（１）号様式

付表１－１　税率別消費税額計算表　兼　地方消費税の課税標準となる消費税額計算表

一般

| 課税期間 | 31・1・1 ～ 1・12・31 | 氏名又は名称 | 中央　一郎 |

区　　分	旧税率分小計 X	税率6.24％適用分 D	税率7.8％適用分 E	合　計　F （Ｘ＋Ｄ＋Ｅ）
課税標準額　①	（付表1-2の①X欄の金額）円 90,000,000	円 7,000,000	円 23,063,000	※第二表の①欄へ 円 120,063,000
①の内訳 課税資産の譲渡等の対価の額 ①-1	（付表1-2の①-1X欄の金額） 90,000,000	※第二表の⑤欄へ 7,000,000	※第二表の⑥欄へ 23,063,636	※第二表の⑦欄へ 120,063,636
特定課税仕入れに係る支払対価の額 ①-2	（付表1-2の①-2X欄の金額）	※①-2欄は、課税売上割合が95%未満の…特定課税仕入れがある事業者のみ記載す… ※第二表の⑨欄へ		※第二表の⑩欄へ
消費税額　②	（付表1-2の②X欄の金額） 5,670,000	※第二表の⑮欄へ 436,800	※第二表の⑯欄へ 1,798,914	※第二表の⑪欄へ 7,905,714

手順3④

手順3①

Ⅰ 基本編

Ⅱ 実例編

Ⅱ 1（個人）寿司屋

Ⅱ 2 賃貸（個人）農業と不動産

Ⅱ 3（法人）雑貨と食品

Ⅱ 4（法人）精肉店

Ⅲ 廃業手続編

手順4　消費税額を計算します

付表1－2と付表1－1の「②消費税額」を計算します。

	転記元		転記先	
❶	付表1－2	課税標準額①税率6.3%適用分C　×　6.3%	付表1－2	②税率6.3%適用分C
❷	付表1－1	課税標準額①税率6.24%適用分D　×　6.24%	付表1－1	②税率6.24%適用分D
		課税標準額①税率7.8%適用分E　×　7.8%		②税率7.8%適用分E
❸	付表1－2	②税率3%適用分A＋②税率4%適用分B＋②税率6.3%適用分Cの合計金額	付表1－2	②旧税率分小計X
❹		同上		②旧税率分小計X
❺	付表1－1	②旧税率分小計X＋②税率6.24%適用分D＋②税率7.8%適用分Eの合計金額	付表1－1	②合計F

手順5　課税売上高（税抜き）を記入します

付表2－2と付表2－1の「①課税売上額（税抜き）」を記入します。

	転記元		転記先	
❶	付表1－2	①－1税率6.3%適用分C	付表2－2	①税率6.3%適用分C
		①－1旧税率分小計X		①旧税率分小計X
❷	付表1－1	①－1旧税率分小計X	付表2－1	①旧税率分小計X
		①－1税率6.24%適用分D		①税率6.24%適用分D
		①－1税率7.8%適用分E		①税率7.8%適用分E
		①－1合計F		①合計F

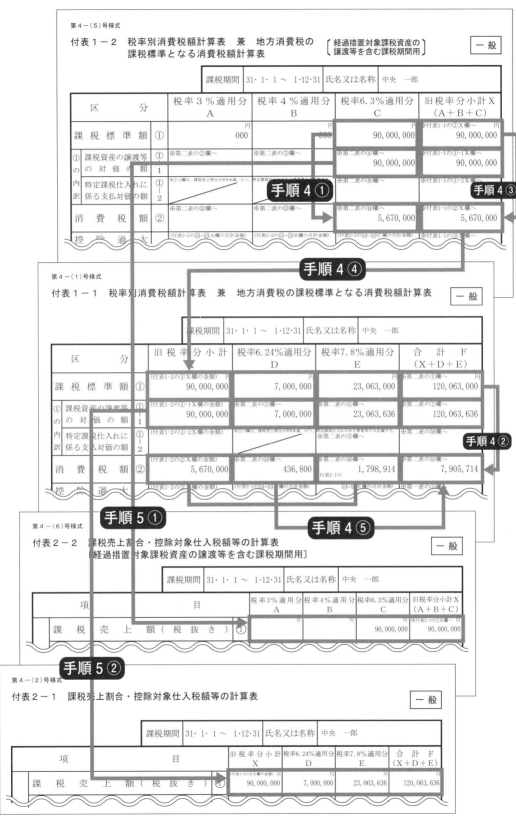

PART 2　課税売上割合の計算

【手順6】　課税資産の譲渡等の金額と，資産の譲渡等の金額を計算します

　課税売上割合を計算するため，まず，付表2−1の「④課税資産の譲渡等の対価の額（合計F）」を計算します。なお，本事例では金額がありませんが，「②免税売上額」「③非課税資産の輸出等の金額，海外支店等へ移送した資産の価額」があれば，それぞれ合計Fに転記します。

　次に，付表2−1の「⑦資産の譲渡等の対価の額（合計F）」を計算します。本事例では金額がありませんが，「⑥非課税売上額」があれば合計Fに記載します。

	転記元（付表2−1）	転記先	
❶	合計F（①＋②＋③）の金額	付表2−1	④課税資産の譲渡等の対価の額　合計F
❷	同上		⑤課税資産の譲渡等の対価の額　合計F
❸	同上	付表2−2	④課税資産の譲渡等の対価の額　旧税率分小計X
❹	合計F（⑤＋⑥）の金額	付表2−1	⑦資産の譲渡等の対価の額　合計F
❺	同上	付表2−2	⑦資産の譲渡等の対価の額　旧税率分小計X

【手順7】　課税売上割合を計算します

　課税売上割合は，新旧税率を含めた全体の課税売上と非課税売上で計算しますので，付表2−1で求めます。この課税売上割合は，旧税率の控除対象仕入税額の計算にも使用するため，付表2−2に必要事項を転記することになります。また，申告書第一表にも課税売上に関する事項がありますので，転記します。

　なお，課税売上割合の端数処理は原則として行いませんが，任意の位で切り捨てることは可能です。四捨五入は認められていません。

	転記元（付表2−1）	転記先	
❶	④課税資産の譲渡等の対価の額（合計F）÷⑦資産の譲渡等の対価の額（合計F）	付表2−1	⑧課税売上割合　合計F
❷	同上	付表2−2	⑧課税売上割合　旧税率分小計X
❸	④課税資産の譲渡等の対価の額（合計F）	第一表　課税売上割合	⑮課税資産の譲渡等の対価の額
❹	⑦資産の譲渡等の対価の額（合計F）	第一表　課税売上割合	⑯資産の譲渡等の対価の額

第4-（2）号様式

付表2-1　課税売上割合・控除対象仕入税額等の計算表　[一般]

| 課税期間 | 31・1・1 ～ 1・12・31 | 氏名又は名称 | 中央　一郎 |

項　　目			旧税率分小計 X	税率6.24%適用分 D	税率7.8%適用分 E	合　計　F (X＋D＋E)
課 税 売 上 額 （ 税 抜 き ）		①	（付表2-2の①X欄の金額）円 90,000,000	円 7,000,000	円 23,063,636	円 120,063,636
免 税 売 上 額		②				
非 課 税 資 産 の 輸 出 等 の 金 額 、 海 外 支 店 等 へ 移 送 し た 資 産 の 価 額		③				
課税資産の譲渡等の対価の額（①＋②＋③）		④				※第一表の⑮欄へ ※付表2-2の④X欄へ 120,063,636
	課税資産の譲渡等の対価の額（④の金額）	⑤				120,063,636
	非 課 税 売 上 額	⑥				
資 産 の 譲 渡 等 の 対 価 の 額 （⑤＋⑥）		⑦				※第一表の⑯欄へ ※付表2-2の⑦X欄へ 120,063,636
課 税 売 上 割 合 （④／⑦）		⑧				（付表2-2の⑧の割合） [100.0 %] ※端数 切捨て

> 手順6① 手順6② 手順6③ 手順6④ 手順7①

第4-（6）号様式

付表2-2　課税売上割合・控除対象仕入税額等の計算表
〔経過措置対象課税資産の譲渡等を含む課税期間用〕　[一般]

| 課税期間 | 31・1・1 ～ 1・12・31 | 氏名又は名称 | 中央　一郎 |

項　　目			税率3%適用分 A	税率4%適用分 B	税率6.3%適用分 C	旧税率分小計 X （A＋B＋C）
課 税 売 上 額 （ 税 抜 き ）		①	円	円	円 90,000,000	※付表2-1の①X欄へ 円 90,000,000
免 税 売 上 額		②				
非 課 税 資 産 の 輸 出 等 の 金 額 、 海 外 支 店 等 へ 移 送 し た 資 産 の 価 額		③				
課税資産の譲渡等の対価の額（①＋②＋③）		④				（付表2-1の④F欄の金額） 120,063,636
	課税資産の譲渡等の対価の額（④の金額）	⑤				
	非 課 税 売 上 額	⑥				
資 産 の 譲 渡 等 の 対 価 の 額 （⑤＋⑥）		⑦				（付表2-1の⑦F欄の金額） 120,063,636
課 税 売 上 割 合 （④／⑦）		⑧				（付表2-1の⑧の割合） [100.0 %] ※端数 切捨て

> 手順6⑤ 手順7②

第1表

| 課税売上割合 | 課税資産の譲渡等の対価の額 | ⑮ | 1 2 0 0 6 3 6 3 6 | 21 |
| | 資産の譲渡等の対価の額 | ⑯ | 1 2 0 0 6 3 6 3 6 | 22 |

I 基本編　II 実例編　II-1（個人）寿司屋　II-2 賃貸（個人）農業と不動産　II-3（法人）雑貨と食品　II-4（法人）精肉店　III 廃業手続編

PART 3　課税仕入れの集計と控除対象仕入税額の計算

手順8　課税仕入れを集計します

❶　売上に関する処理が終わったら仕入れに関する処理をします。課税仕入れも課税売上と同様に，各種所得に係る課税仕入れを合計しますので，ここでは国税庁の様式である「課税仕入高計算表」を利用します。

❷　手順1で集計した「表イ－1　課税取引金額計算表」の「③仕入金額」と「㉜経費計」の合計金額㉞を「表ハ　①営業等課税仕入高」に転記します。

❸　「⑩課税仕入高の合計額」に「①営業等課税仕入高」＋「②農業課税仕入高」＋「③不動産所得に係る課税仕入高」＋「⑥その他の所得に係る差引課税仕入高」＋「⑨業務用資産の取得に係る差引課税仕入高」を計算して記入します。

❹　「(6)課税仕入れに係る消費税額」を計算します。税区分ごとに消費税額を計算して，⑪⑫⑬欄に記入します。

手順9　課税仕入れに係る支払対価の額を集計します

　付表2－2と付表2－1の「⑨課税仕入れに係る支払対価の額（税込み）」を記入します。

	転記元		転記先	
❶	課税仕入高計算表(5)課税仕入高の合計額⑩」	旧税率6.3%適用分	付表2－2	⑨税率6.3%適用分C
		軽減税率6.24%適用分	付表2－1	⑨税率6.24%適用分D
		標準税率7.8%適用分		⑨税率7.8%適用分E
❷	付表2－2	⑨税率3％適用分A＋⑨税率4％適用分B＋⑨税率6.3%適用分Cの合計金額	付表2－2	⑨旧税率分小計X
		同上	付表2－1	⑨旧税率分小計X
❸	付表2－1	⑨旧税率分小計X＋⑨税率6.24%適用分D＋⑨税率7.8%適用分Eの合計金額		⑨合計F

表ハ

課　税　仕　入　高　計　算　表

(令和　1　年分)

（1）　事業所得に係る課税仕入高		金　　額	R1.9.30以前(※)	R1.10.1以後(※)	
			うち 旧税率 6.3％適用分	うち軽減税率 6.24％適用分	うち標準税率 7.8％適用分
営業等課税仕入高　手順8②	①	表イー1の㉓C欄の金額 円 92,754,320	表イー1の㉓D欄の金額 円 69,033,600	表イー1の㉓E欄の金額 円 4,497,120	表イー1の㉓F欄の金額 円 19,223,600
農業課税仕入高	②	表イー2の㉛C欄の金額	表イー2の㉛D欄の金額	表イー2の㉛E欄の金額	表イー2の㉛F欄の金額

（2）　不動産所得に係る課税仕入高		金　　額	R1.9.30以前(※)	R1.10.1以後(※)	
			うち 旧税率 6.3％適用分	うち軽減税率 6.24％適用分	うち標準税率 7.8％適用分
課税仕入高	③	表イー3の⑭C欄の金額	表イー3の⑭D欄の金額	表イー3の⑭E欄の金額	表イー3の⑭F欄の金額

（4）　業務用資産の取得に係る課税仕入高		金　　額	R1.9.30以前(※)	R1.10.1以後(※)	
			うち 旧 税 率 6.3％適用分	うち軽減税率 6.24％適用分	うち標準税率 7.8％適用分
業務用固定資産等の取得費	⑦				
⑦のうち、課税仕入れにならないもの	⑧		手順9①	付表2-2⑨ 付表2-1⑨	
差引課税仕入高（⑦−⑧）	⑨				

（5）　課税仕入高　　手順8③ （①+②+③）	⑩	92,754,320	付表2-2の⑩C欄へ 69,033,600	付表2-1の⑩D欄へ 4,497,120	付表2-1の⑩E欄へ 19,223,600

（6）　課税仕入れに係る消費税額の計算				
69,033,600 円 × $\frac{6.3}{108}$ 税抜経理方式によっている 6.3％適用分欄の金額に輸入取引る仮払消費税等の金額を加算して計算します。　手順8④	⑪	(1円未満の端数切捨て) 付表2-2の⑩C欄へ	円 4,026,959	
4,497,120 円 × $\frac{6.24}{108}$ 税抜経理方式によっている場合、⑩軽減税率 6.24％適用分欄の金額に輸入取引以外の取引に係る仮払消費税等の金額を加算して計算します。	⑫	(1円未満の端数切捨て) 付表2-1の⑩D欄へ	259,833	
19,223,600 円 × $\frac{7.8}{110}$ 税抜経理方式によっている場合、⑩標準税率 7.8％適用分欄の金額に輸入取引以外の取引に係る仮払消費税等の金額を加算して計算します。	⑬	付表2-1の⑩E欄へ	1,363,127	

※　令和元年10月1日以後に行われる取引であっても、経過措置により旧税率が適用される場合があります。

手順10① 付表2-2⑩ 付表2-1⑩

I 基本編

II 実例編

II 1 寿司屋 (個人)

II 2 賃貸 (個人) 農業と不動産

II 3 雑貨と食品 (法人)

II 4 精肉店 (法人)

III 廃業手続編

手順10 **課税仕入れに係る消費税額を転記します**

「課税仕入高計算表」の⑹課税仕入れに係る消費税額の計算で求めた消費税額を，付表2－2と付表2－1の「⑩課税仕入れに係る消費税額」に転記します。

		転記元		転記先	
❶	課税仕入高計算表⑹課税仕入れに係る消費税額の計算	⑪旧税率6.3%	付表2－2	⑩税率6.3%適用分C	
		⑫軽減税率6.24%	付表2－1	⑩税率6.24%適用分D	
		⑬標準税率7.8%		⑩税率7.8%適用分E	
❷	付表2－2	⑩税率3％適用分A＋⑩税率4％適用分B＋⑩税率6.3%適用分Cの合計金額	付表2－2	⑩旧税率分小計X	
		同上		⑩旧税率分小計X	
❸	付表2－1	⑩旧税率分小計X＋⑩税率6.24%適用分D＋⑩税率7.8%適用分Eの合計金額	付表2－1	⑩合計F	

第4－（6）号様式

付表2－2　課税売上割合・控除対象仕入税額等の計算表
〔経過措置対象課税資産の譲渡等を含む課税期間用〕

一般

| 課税期間 | 31・1・1 ～ 1・12・31 | 氏名又は名称 | 中央　一郎 |

項　　目		税率3%適用分 A	税率4%適用分 B	税率6.3%適用分 C	旧税率分小計X （A＋B＋C）
課税仕入れに係る支払対価の額（税込み）	⑨	**手順9①**		69,033,600	※付表2-1の⑨X欄へ 69,033,600
課税仕入れに係る消費税額	⑩	**手順10①**	（⑨A欄×3/103）（⑨B欄×4/105）	（⑨C欄×6.3/108） 4,026,959	※付表2-1の⑩X欄へ 4,026,959
課税仕入れ等の税額の合計額 （⑩＋⑫＋⑬±⑭）	⑮	**手順11①**		4,026,959	※付表2-1の⑮X欄へ 4,026,959
課税売上高が5億円以下、かつ、課税売上割合が95%以上の場合（⑮の金額）	⑯			4,026,959	※付表2-1の⑯X欄へ 4,026,959
課5課95 個 ⑰のうち、課税売上げにのみ要するもの	⑰				
額整 用）に転用した場合の調整（加算又は減算）額	㉒				
差引	控除対象仕入税額 ［（⑯、⑲又は⑳の金額）±㉑±㉒］がプラスの時	㉓	**手順12①**	※付表1-2の①C欄へ 4,026,959	※付表2-1の㉓X欄へ 4,026,959
	控除過大調整税額 ［（⑯、⑲又は⑳の金額）±㉑±㉒］がマイナスの時	㉔	※付表1-2の③A欄へ	※付表1-2の③B欄へ	※付表1-2の③C欄へ	※付表2-1
貸倒回収に係る消費税額	㉕	※付表1-2の③A欄へ	※付表1-2の③B欄へ	※付表1-2の③C欄へ	※付表2-1の㉕X欄へ

注意　1　金額の計算においては、1円未満の端数を切り捨てる。
　　　2　旧税率が適用された取引がある場合は、当該付表を作成してから付表2-1を作成する。
　　　3　⑦及び⑧の X欄には、付表2-1の F欄から移記する。
　　　4　⑨及び⑩欄には、値引き、割戻し、割引きなど仕入対価の返還等の金額がある場合（仕入対価の返還等の金額を仕入金額から直接減額している場合を除く。）には、その金額を控除した後の金額を記載する。

手順9～11②
手順12③

第4－（2）号様式

付表2－1　課税売上割合・控除対象仕入税額等の

一般

| 課税期間 | 31・1・1 ～ 1・12・31 | 氏名又は名称 | 中央　一郎 |

項　　目		旧税率分小計 X	税率6.24%適用分 D	税率7.8%適用分 E	合　計　F （X＋D＋E）
課税仕入れに係る支払対価	⑨	**手順9①** （付表2-2の⑨X欄の金額） 69,033,600	4,497,120	19,223,600	92,754,320
課税仕入れに係る	⑩	**手順10①** （付表2-2の⑩X欄の金額） 4,026,959	（⑨D欄×6.24/108） 259,833	（⑨E欄×7.8/110） 1,363,127	5,649,919
課税仕入れ等の税額の合計額 （⑩＋⑫＋⑬±⑭）	⑮	**手順11③** （付表2-2の⑮X欄の金額） 4,026,959	259,833	1,363,127	5,649,919
課税売上高が5億円 課税売上割合が95%の場合（⑮の金額）	⑯	（付表2-2の⑯X欄の金額） 4,026,959	259,833	1,363,127	5,649,919
課5課95 個 ⑰のうち、課税売上げにのみ要するもの	⑰	（付表2-2の⑰X欄の金額）			
額整 用）に転用した場合の調整（加算又は減算）額	㉒				
差引	控除対象仕 **手順12②** 額 ［（⑯、⑲又は⑳の金額）±㉑ 時	㉓	（付表2-2の㉓X欄の金額） 4,026,959	※付表1-1の①D欄へ 259,833	※付表1-1の①E欄へ 1,363,127	5,649,919
	控除過大調整税額 ［（⑯、⑲又は⑳の金額）±㉑±㉒］がマイナスの時	㉔	（付表2-2の㉔X欄の金額）	※付表1-1の③D欄へ	※付表1-1の③E欄へ	
貸倒回収に係る消費税額	㉕	（付表2-2の㉕X欄の金額）	※付表1-1の③D欄へ	※付表1-1の③E欄へ	

手順9③
手順10③
手順11④⑤

注意　1　金額の計算においては、1円未満の端数を切り捨てる。
　　　2　旧税率が適用された取引がある場合は、付表2-2を作成してから当該付表を作成する。
　　　3　⑨及び⑩欄には、値引き、割戻し、割引きなど仕入対価の返還等の金額がある場合（仕入対価の返還等の金額を仕入金額から直接減額している場合…除く。）…した後の金額を記載する。

I 基本編　II 実例編　II 1（個人）寿司屋　II 2 賃貸（個人）農業と不動産　II 3（法人）雑貨と食品　II 4（法人）精肉店　III 廃業手続編

手順11　旧税率による課税仕入れ等の税額の合計額を計算します

　付表2－2，2－1の「⑮課税仕入れ等の税額の合計額」を計算します。付表2－2では旧税率による課税仕入れ等の税額を計算することになり，計算した金額は付表2－1の旧税率欄に転記します。

　なお，本事例では金額がありませんが，「⑫特定課税仕入れに係る消費税額」「⑬課税貨物に係る消費税額」「⑭納税義務の免除を受けない（受ける）こととなった場合における消費税額の調整（加算又は減算）額」があれば，記入します。

　本事例は，課税売上高が5億円以下，かつ，課税売上割合が95%以上の場合ですから，⑮課税仕入等の税額の合計額と同じ金額を⑯課税売上高が5億円以下，かつ，課税売上割合が95%以上の場合に転記します。

		転記元		転記先
❶	付表2－2	税率6.3%適用分Cの⑩＋⑫＋⑬±⑭	付表2－2	⑮税率6.3%適用分C
		⑮税率6.3%適用分C		⑯課税売上高が5億円以下，かつ，課税売上割合が95%以上の場合C
❷	付表2－2	⑮旧税率分小計X	付表2－1	⑮旧税率分小計X
		⑯課税売上高が5億円以下，かつ，課税売上割合が95%以上の場合X		⑯課税売上高が5億円以下，かつ，課税売上割合が95%以上の場合X
❸	付表2－1	税率6.24%適用分Dの⑩＋⑫＋⑬±⑭	付表2－1	⑮税率6.24%適用分D⑯税率6.24%適用分D
		税率7.8%適用分Eの⑩＋⑫＋⑬±⑭		⑮税率7.8%適用分E⑯税率7.8%適用分E
❹	付表2－1	⑮旧税率分小計X＋⑮税率6.24%適用分D＋⑮税率7.8%適用分Eの合計金額	付表2－1	⑮合計F
❺	付表2－1	⑯旧税率分小計X＋⑯税率6.24%適用分D＋⑯税率7.8%適用分Eの合計金額	付表2－1	⑯合計F

手順12　控除対象仕入税額を計算します

　付表2−1，2−2の「㉓控除対象仕入税額」を計算します。本事例では金額がありませんが，「㉑課税売上割合変動時の調整対象固定資産に係る消費税額の調整（加算又は減算）額」「㉒調整対象固定資産を課税業務用（非課税業務用）に転用した場合の調整（加算又は減算）額」があれば，記入します。

　手順9〜11同様に，付表2−1㉓でもX＋D＋E＝Fが計算されます（省略）。

　付表2−1，付表2−2が完成したので，控除対象仕入税額を付表1−1，付表1−2に転記します。

	転記元		転記先	
❶	付表2−2	税率6.3%適用分Cの ⑯±㉑±㉒	付表2−2	税率6.3%適用分Cの ㉓差引　控除対象仕入税額
❷	付表2−1	税率6.24%適用分Dの ⑯±㉑±㉒	付表2−1	税率6.24%適用分Dの ㉓差引　控除対象仕入税額
		税率7.8%適用分Eの ⑯±㉑±㉒		税率7.8%適用分Eの ㉓差引　控除対象仕入税額
❸	付表2−2	㉓旧税率分小計X	付表2−1	㉓旧税率分小計X
❹	付表2−2	㉓控除対象仕入税額 （税区分ごと）	付表1−2	④控除対象仕入税額 （税区分ごと）
	付表2−1	㉓控除対象仕入税額 （税区分ごと）	付表1−1	④控除対象仕入税額 （税区分ごと）

PART 4　控除税額と差引税額の計算

手順13　控除税額を計算します

　控除対象仕入税額，返還等対価に係る税額，貸倒れに係る税額を合計して，控除税額を求めます。なお，本事例では返還等対価に係る税額と貸倒れに係る税額はありませんから，付表1－2と付表1－1の「⑦控除税額小計」に「④控除対象仕入税額」の金額を転記します。

		転記元		転記先
❶	付表1－2	④税率3％適用分A＋④税率4％適用分B＋④税率6.3％適用分Cの合計金額	付表1－2	④旧税率分小計X
		同上	付表1－1	④旧税率分小計X
❷	付表1－1	④旧税率分小計X＋④税率6.24％適用分D＋④税率7.8％適用分Eの合計金額	付表1－1	④合計F
❸	付表1－2	④控除対象仕入税額＋⑤返還等対価に係る税額＋⑥貸倒れ係る税額	付表1－2	⑦控除税額小計
❹	付表1－1	④控除対象仕入税額＋⑤返還等対価に係る税額＋⑥貸倒れ係る税額	付表1－1	⑦控除税額小計

手順14　国税の差引税額を計算します

　②消費税額から⑦控除税額小計をマイナスして国税の差引税額を計算します。

		転記元		転記先
❶	付表1－2	②消費税額－⑦控除税額小計（税区分ごと）	付表1－2	⑨差引税額（税区分ごと）
❷	付表1－1	②消費税額－⑦控除税額小計（税区分ごと）	付表1－1	⑨差引税額（税区分ごと）
❸	付表1－2	⑨税率3％適用分A＋⑨税率4％適用分B＋⑨税率6.3％適用分C	付表1－2	⑨旧税率分小計X
		同上	付表1－1	⑨旧税率分小計X
❹	付表1－1	⑨旧税率分小計X＋⑨税率6.24％適用分D＋⑨税率7.8％適用分E		⑨合計F

PART 5　地方消費税の計算

手順15　地方消費税の計算に必要な事項を転記します

	転記元		転記先	
❶	付表1−2	⑨差引税額（国税部分）税率6.3%適用分C	付表1−2	⑫地方消費税の課税標準となる消費税額　差引税額 税率6.3%適用分C
❷	付表1−1	⑨税率6.24%適用分D＋⑨税率7.8%適用分E	付表1−1	⑫地方消費税の課税標準となる消費税額　差引税額 税率7.8%適用分E
❸	付表1−2	⑫税率4％適用分B＋⑫税率6.3%適用分C	付表1−2	⑫旧税率分小計X
❹	付表1−1	同上	付表1−1	⑫旧税率分小計X
		⑫旧税率分小計X＋⑫税率7.8%適用分E		⑫合計F
❺	付表1−2	⑫地方消費税の課税標準となる消費税額　差引税額−⑪地方消費税の課税標準となる消費税額　控除不足還付税額	付表1−2	⑬合計差引地方消費税の課税標準となる消費税額 税率6.3%適用分C
❻	付表1−1	⑫地方消費税の課税標準となる消費税額　差引税額−⑪地方消費税の課税標準となる消費税額　控除不足還付税額	付表1−1	⑬合計差引地方消費税の課税標準となる消費税額 税率7.8%適用分E
❼	付表1−2	⑬税率6.3%適用分C	付表1−2	⑬旧税率分小計X
❽	付表1−1	同上	付表1−1	⑬旧税率分小計X
		⑬旧税率分小計X＋⑬税率7.8%適用分E		⑬合計F

第4−(5)号様式

付表1−2 税率別消費税額計算表 兼 地方消費税の課税標準となる消費税額計算表 〔経過措置対象課税資産の譲渡等を含む課税期間用〕 [一般]

| 課税期間 | 31・1・1 ～ 1・12・31 | 氏名又は名称 | 中央 一郎 |

区 分		税率3%適用分 A	税率4%適用分 B	税率6.3%適用分 C	旧税率分小計X (A＋B＋C)
課 税 標 準 額	①	円 000	円 000	円 90,000,000	※付表1-1の①X欄へ 円 90,000,000
①の内訳　課税資産の譲渡等の対価の額	①-1	※第二表の②欄へ	※第二表の③欄へ	※第二表の④欄へ 90,000,000	※付表1-1の①-1X欄へ 90,000,000
①の内訳　特定課税仕入れに係る支払対価の額	①-2	※①-2欄は、課税売上割合が95%未満、かつ、特定課税仕入れがある事業者のみ記載する。		※第二表の⑧欄へ	※付表1-1の①-2X欄へ
消 費 税 額	②	※第二表の⑫欄へ	※第二表の⑬欄へ	※第二表の⑭欄へ 5,670,000	※付表1-1の②X欄へ 5,670,000
控 除 過 大 調 整 税 額	③	(付表2-2の㉔・㉕A欄の合計金額)	(付表2-2の㉔・㉕B欄の合計金額)	(付表2-2の㉔・㉕C欄の合計金額)	※付表1-1の③X欄へ 手順13①
控除税額　控 除 対 象 仕 入 税 額	④	(付表2-2の㉓A欄の金額)	(付表2-2の㉓B欄の金額) 手順12④	(付表2-2の㉓C欄の金額) 4,026,959	※付表1-1の④X欄へ 4,026,959
控除税額　返 還 等 対 価 に 係 る 税 額	⑤				※付表1-1の⑤X欄へ
控除税額　⑤の内訳　売上げの返還等対価に係る税額	⑤-1			手順13③	※付表1-1の⑤-1X欄へ
控除税額　⑤の内訳　特定課税仕入れの返還等対価に係る税額	⑤-2	※⑤-2欄は、課税売上割合が95%未満、かつ、特定課税仕入れがある事業者のみ記載する。			※付表1-1の⑤-2X欄へ
控除税額　貸 倒 れ に 係 る 税 額	⑥				※付表1-1の⑥X欄へ
控除税額　控 除 税 額 小 計 (④＋⑤＋⑥)	⑦	手順14①		4,026,959	※付表1-1の⑦X欄へ 4,026,959
控 除 不 足 還 付 税 額 (⑦−②−③)	⑧		※⑪B欄へ	※⑪C欄へ	※付表1-1の⑧X欄へ 手順14③
差 引 税 額 (②＋③−⑦)	⑨		※⑫B欄へ	※⑫C欄へ 1,643,041	※付表1-1の⑨X欄へ 1,643,041
合 計 差 引 税 額 (⑨−⑧)	⑩				
地方消費税の課税標準となる消費税額　控 除 不 足 還 付 税 額	⑪		(⑧B欄の金額)	(⑧C欄の金額) 手順15①	※付表1-1の⑪X欄へ 手順15③
地方消費税の課税標準となる消費税額　差 引 税 額	⑫		(⑨B欄の金額)	(⑨C欄の金額) 1,643,041	※付表1-1の⑫X欄へ 1,643,041
合計差引地方消費税の課税標準となる消費税額 (⑫−⑪)	⑬		手順15⑤	※第二表の㉒欄へ 1,643,041	※付表1-1の⑬X欄へ 1,643,041
譲渡割額　還 付 額	⑭		(⑪B欄×25/100) 手順15⑦	(⑪C欄×17/63)	※付表1-1の⑭X欄へ
譲渡割額　納 税 額	⑮		(⑫B欄×25/100) 手順16①	(⑫C欄×17/63) 443,360	※付表1-1の⑮X欄へ 443,360
合計差引譲渡割額 (⑮−⑭)	⑯			手順16③	

注意 1 金額の計算においては、1円未満の端数を切り捨てる。
　　 2 旧税率が適用された取引がある場合は、当該付表を作成してから付表1-1を作成する。

第4－（1）号様式

付表1－1　税率別消費税額計算表　兼　地方消費税の課税標準となる消費税額計算表　［一般］

| 課税期間 | 31・1・1 ～ 1・12・31 | 氏名又は名称 | 中央　一郎 |

区　分		旧税率分小計 X	税率6.24%適用分 D	税率7.8%適用分 E	合　計　F（X+D+E）
課税標準額	①	（付表1-2の①X欄の金額）円 90,000,000	円 7,000,000	円 23,063,000	※第二表の①欄へ 円 120,063,000
①の内訳 課税資産の譲渡等の対価の額	①-1	（付表1-2の①-1X欄の金額）90,000,000	※第二表の⑤欄へ 7,000,000	※第二表の⑥欄へ 23,063,636	※第二表の⑦欄へ 120,063,636
①の内訳 特定課税仕入れに係る支払対価の額	①-2	（付表1-2の①-2X欄の金額）	※①-2欄は、課税売上割合が95%未満、かつ、特定課税仕入れがある事業者のみ記載する。※第二表の⑨欄へ		※第二表の⑩欄へ
消費税額	②	（付表1-2の②X欄の金額）5,670,000	※第二表の⑮欄へ 436,800	※第二表の⑯欄へ 1,798,914	※第二表の⑪欄へ 7,905,714
控除過大調整税額	③	（付表1-2の③X欄の金額）手順13①	（付表2-1の㉔・㉕D欄の合計金額）手順12④	（付表2-1の㉔・㉕E欄の合計金額）	※第一表の③欄へ 手順13②
控除税額 控除対象仕入税額	④	（付表1-2の④X欄の金額）4,026,959	（付表2-1の㉓D欄の金額）259,833	（付表2-1の㉓E欄の金額）1,363,127	※第一表の④欄へ 5,649,919
控除税額 返還等対価に係る税額	⑤	（付表1-2の⑤X欄の金額）			※第二表の⑰欄へ
⑤の内訳 売上げの返還等対価に係る税額	⑤-1	（付表1-2の⑤-1X欄の金額）手順13④			※第二表の⑱欄へ
⑤の内訳 特定課税仕入れの返還等対価に係る税額	⑤-2	（付表1-2の⑤-2X欄の金額）	※⑤-2欄は、課税売上割合が95%未満、かつ、特定課税仕入れがある事業者のみ記載する。		※第二表の⑲欄へ
控除税額 貸倒れに係る税額	⑥	（付表1-2の⑥X欄の金額）手順14②			※第一表の⑥欄へ
控除税額小計（④+⑤+⑥）	⑦	（付表1-2の⑦X欄の金額）4,026,959	259,833	1,363,127	※第一表の⑦欄へ 5,649,919
控除不足還付税額（⑦－②－③）	⑧	（付表1-2の⑧X欄の金額）	※⑪E欄へ	※⑪E欄へ	手順14④
差引税額（②+③－⑦）	⑨	（付表1-2の⑨X欄の金額）1,643,041	※⑫E欄へ 176,967	※⑫E欄へ 435,787	2,255,795
合計差引税額（⑨－⑧）	⑩				※マイナスの場合は第一表の⑧欄へ ※プラスの場合は第一表の⑨欄へ 2,255,795
地方消費税の課税標準となる消費税額 控除不足還付税額	⑪	（付表1-2の⑪X欄の金額）手順15③		（⑧D欄と⑧E欄の合計金額）手順15②	手順15④
地方消費税の課税標準となる消費税額 差引税額	⑫	（付表1-2の⑫X欄の金額）1,643,041		（⑨D欄と⑨E欄の合計金額）612,754	2,255,795
合計差引地方消費税の課税標準となる消費税額（⑫－⑪）	⑬	（付表1-2の⑬X欄の金額）手順15⑦ 1,643,041	手順15⑥	612,754	※マイナスの場合は第一表の⑱欄へ ※プラスの場合は第一表の⑲欄へ ※第二表の㉑欄へ 2,255,795
譲渡割額 還付額	⑭	（付表1-2の⑭X欄の金額）	手順15⑧	（⑪E欄×22/78）	
譲渡割額 納税額	⑮	（付表1-2の⑮X欄の金額）443,360	手順16②	（⑫E欄×22/78）172,828	616,188
合計差引譲渡割額（⑮－⑭）	⑯	手順16③			※マイナスの場合は第一表の㉑欄へ ※プラスの場合は第一表の⑳欄へ 616,188

手順16④

注意　1　金額の計算においては、1円未満の端数を切り捨てる。
　　　2　旧税率が適用された取引がある場合は、付表1-2を作成してから当該付表を作成する。

I　基本編　II　実例編　II 1（個人）寿司屋　II 2 賃貸（個人）農業と不動産　II 3（法人）雑貨と食品　II 4（法人）精肉店　III 廃業手続編

手順16　譲渡割額を計算します

　地方税である法人住民税に「均等割」「所得割」があるように，地方消費税では「譲渡割」といいます。地方消費税の譲渡割の税額は，国税たる消費税を課税標準として税率を乗じて計算します。

　課税標準に乗ずる譲渡割の税率は，適用税率によって異なりますので注意が必要です。

税率	3％	5％	旧8％	軽減8％	標準10％
うち国税の税率	3％	4％	6.3％	6.24％	7.8％
うち地方消費税の税率	－	1％	1.7％	1.76％	2.2％
譲渡割の税率	－	25/100	17/63	22/78	

		転記元		転記先	
❶	付表1－2	⑫税率6.3％適用分C×17/63	付表1－2	⑮譲渡割額　納税額 税率6.3％適用分C	
❷	付表1－1	⑫税率7.8％適用分E×22/78	付表1－1	⑮譲渡割額　納税額 税率7.8％適用分E	
❸	付表1－2	⑮税率6.3％適用分C	付表1－2	⑮旧税率分小計X	
		同上		⑮旧税率分小計X	
❹	付表1－1	⑮旧税率分小計X＋⑮税率7.8％適用分E	付表1－1	⑮合計F	
		⑮譲渡割額　納税額　合計F－⑭ 譲渡割額　還付額　合計F		⑯合計差引譲渡割額　合計F	

PART 6　申告書への転記と納付税額の計算

手順17　申告書に転記します

付表1−1，付表1−2が完成したので，申告書の第一表及び第二表に転記します。

【付表1−2⇒申告書　第二表　転記表】

付表1−2の項目					申告書第二表の項目		
①−1	①の内訳	課税資産の譲渡等の対価の額	税率3％適用分　A	⇒ ②	課税資産の譲渡等の対価の額の合計額	3％適用分	
			税率4％適用分　B	⇒ ③		4％適用分	
			税率6.3％適用分　C	⇒ ④		6.3％適用分	
②	消費税額		税率3％適用分　A	⇒ ⑫	消費税額	3％適用分	
			税率4％適用分　B	⇒ ⑬		4％適用分	
			税率6.3％適用分　C	⇒ ⑭		6.3％適用分	
⑬	合計差引地方消費税の課税標準となる消費税額		税率4％適用分　B	⇒ ㉑	地方消費税の課税標準となる消費税額	4％適用分	
			税率6.3％適用分　C	⇒ ㉒		6.3％適用分	

【付表1−1⇒申告書　第二表　転記表】

付表1−1の項目					申告書第二表の項目		
①	課税標準額		合計 F	⇒ ①	課税標準額		
①−1	①の内訳	課税資産の譲渡等の対価の額	税率6.24％適用分　D	⇒ ⑤	課税資産の譲渡等の対価の額の合計額	6.24％適用分	
			税率7.8％適用分　E	⇒ ⑥		7.8％適用分	
			合計 F	⇒ ⑦			
②	消費税額		合計 F	⇒ ⑪	消費税額		
			税率6.24％適用分　D	⇒ ⑮	⑪の内訳	6.24％適用分	
			税率7.8％適用分　E	⇒ ⑯		7.8％適用分	
⑬	合計差引地方消費税の課税標準となる消費税額		合計 F	⇒ ⑳	地方消費税の課税標準となる消費税額		
			税率7.8％適用分　E	⇒ ㉓	地方消費税の課税標準となる消費税額	6.24％及び7.8％適用分	

【付表1−1⇒申告書　第一表　転記表】

付表1−1の項目					申告書第一表の項目	
③	控除過大調整税額		合計 F	⇒ ③	控除過大調整税額	
④	控除税額	控除対象仕入税額	合計 F	⇒ ④	控除税額	控除対象仕入税額
⑥		貸倒れに係る税額	合計 F	⇒ ⑥		貸倒れに係る税額
⑦		控除税額小計	合計 F	⇒ ⑦		控除税額小計
⑩	合計差引税額		合計 F	⇒ ⑨	差引税額（値がプラスのとき）	
			合計 F	⇒ ⑧	控除不足還付税額（値がマイナスのとき）	
⑬	合計差引地方消費税の課税標準となる消費税額		合計 F	⇒ ⑱	地方消費税の課税標準となる消費税額	差引税額（値がプラスのとき）
			合計 F	⇒ ⑰		控除不足還付税額（値がマイナスのとき）
⑯	合計差引譲渡割額		合計 F	⇒ ⑳	譲渡割額	納税額

手順17

GK0601

第3−(2)号様式

課税標準額等の内訳書

整理番号 ☐☐☐☐☐☐☐☐

個人事業者用

第二表

改正法附則による税額の特例計算			
軽減売上割合（１０営業日）	○	附則38①	51
小売等軽減仕入割合	○	附則38②	52
小売等軽減売上割合	○	附則39①	53

納　税　地	千代田区神田神保町1-31-2
	（電話番号　　　　−　　　　）
（フリガナ）	
屋　　　号	
（フリガナ）	チュウオウ　イチロウ
氏　　　名	中央　一郎

控

自 平成・令和 31 年 1 月 1 日
至 令和 1 年 12 月 31 日

課税期間分の消費税及び地方消費税の（　確　定　）申告書

中間申告 自 令和 ☐☐年 ☐☐月 ☐☐日
の場合の
対象期間 至 令和 ☐☐年 ☐☐月 ☐☐日

令和元年十月一日以後終了課税期間分

課　税　標　準 ※申告書（第一表）の①欄へ	付表1-1①F	1 2 0 0 6 3 0 0 0	01

課税資産の譲渡等の対価の額の合計額	3％適用分	②		02
	4％適用分	③ 付表1-2①-1		03
	6.3％適用分	④	9 0 0 0 0 0 0 0	04
	6.24％適用分	⑤	7 0 0 0 0 0 0	05
	7.8％適用分	⑥ 付表1-1①-1	2 3 0 6 3 6 3 6	06
		⑦	1 2 0 0 6 3 6 3 6	07

特定課税仕入れに係る支払対価の額の合計額（注1）	6.3％適用分	⑧		11
	7.8％適用分	⑨		12
		⑩		13

消　費　税　額 ※申告書（第一表）の②欄へ	付表1-1②	7 9 0 5 7 1 4	21
⑪の内訳 3％適用分	⑫		22
4％適用分	⑬ 付表1-2②		23
6.3％適用分	⑭	5 6 7 0 0 0 0	24
6.24％適用分	⑮ 付表1-1②	4 3 6 8 0 0	25
7.8％適用分	⑯	1 7 9 8 9 1 4	26

返　還　等　対　価　に　係　る　税　額 ※申告書（第一表）の⑤欄へ	⑰		31
⑰の内訳 売上げの返還等対価に係る税額	⑱		32
特定課税仕入れの返還等対価に係る税額（注1）	⑲		33

地方消費税の課税標準となる消費税額（注2）		付表1-1⑬F	2 2 5 5 7 9 5	41
	4％適用分			42
	6.3％適用分	付表1-2⑬	1 6 4 3 0 4 1	43
	6.24％及び7.8％適用分	付表1-1⑬	6 1 2 7 5 4	44

手順17　　　　　　　　　GK0304

第3-(1)号様式

年　月　日	神田 税務署長殿

（控）

納税地　　千代田区神田神保町1-31-2
（電話番号　　　-　　　-　　　）

（フリガナ）
屋　号

個人番号　　※□個人番号は複写されません。

（フリガナ）チュウオウ　イチロウ
氏　名　　中央　一郎　　㊞

自 平成 ③①年 ①月 ①日
　令和
課税期間分の消費税及び地方
消費税の（　確定　）申告書
至 令和 ①年 ①②月 ③①日

中間申告　自 平成/令和　□□年□□月□□日
の場合の
対象期間　至 令和　□□年□□月□□日

令和元年十月一日以後終了課税期間分（一般用）

個人事業者用　第一表

※税務署処理欄

一　連　番　号		
所管	要否	整理番号
申告年月日	令和 □□年□□月□□日	
申告区分　指導等　庁指定　局指定		
通信日付印　確認印　確認書類	個人番号カード 通知カード・運転免許証 その他（　）	身元確認 □
年　月　日		
指導　年　月　日　相談　区分1　区分2　区分3		
令和 □□□□□		

この申告書による消費税の税額の計算

課税標準額	①	**第二表①** 1 2 0 0 6 3 0 0 0	03
消費税額	②	**第二表⑪** 7 9 0 5 7 1 4	06
控除過大調整税額	③		07
控除税額 控除対象仕入税額	④	**付表1-1④F** 5 6 4 9 9 1 9	08
返還等対価に係る税額	⑤		09
貸倒れに係る税額	⑥		10
控除税額小計（④+⑤+⑥）	⑦	**付表1-1⑦F** 5 6 4 9 9 1 9	
控除不足還付税額（⑦-②-③）	⑧		13
差引税額（②+③-⑦）	⑨	**付表1-1⑩F** 2 2 5 5 7 0 0	
中間納付税額	⑩	0 0	16
納付税額（⑨-⑩）	⑪	2 2 5 5 7 0 0	
中間納付還付税額（⑩-⑨）	⑫	0 0	18
この申告書が修正申告である場合 既確定税額	⑬		19
差引納付税額	⑭	0 0	20
課税売上割合 課税資産の譲渡等の対価の額	⑮	1 2 0 0 6 3 6 3 6	21
資産の譲渡等の対価の額	⑯	1 2 0 0 6 3 6 3 6	22

手順18 ←（⑩欄）
手順18 ←（⑪欄）

この申告書による地方消費税の税額の計算

地方消費税の課税標準となる消費税額 控除不足還付税額	⑰		51
差引税額	⑱	**付表1-1⑬F** 2 2 5 5 7 0 0	52
譲渡割額 還付額	⑲		53
納税額	⑳	**付表1-1⑯F** 6 1 6 1 0 0	
中間納付譲渡割額	㉑	0 0	55
納付譲渡割額（⑳-㉑）	㉒	6 1 6 1 0 0	
中間納付還付譲渡割額（㉑-⑳）	㉓	0 0	
この申告書が修正申告である場合 既確定譲渡割額	㉔		58
差引納付譲渡割額	㉕		59
消費税及び地方消費税の合計（納付又は還付）税額	㉖	2 8 7 1 8 0 0	60

手順18 ←（㉒欄）

付記事項

割賦基準の適用	有	○無	31
延払基準等の適用	有	○無	32
工事進行基準の適用	有	○無	33
現金主義会計の適用	有	○無	34
課税標準額に対する消費税額の計算の特例の適用	有	○無	35

参考事項

控除税額の計算方法	課税売上高5億円超又は課税売上割合95%未満	個別対応方式 一括比例配分方式	41
	上記以外 ○	全額控除	
基準期間の課税売上高		105,000 千円	

還付を受けようとする金融機関等	銀行 金庫・組合 農協・漁協	本店・支店 出張所 本所・支所
	預金　口座番号	
	ゆうちょ銀行の貯金記号番号	－
	郵便局名等	

※税務署整理欄

税理士署名押印　　　　　　㊞
（電話番号　　　-　　　-　　　）

○	税理士法第30条の書面提出有
○	税理士法第33条の2の書面提出有

I 基本編　II 実例編　II-1（個人）寿司屋　II-2 賃貸（個人）農業と不動産　II-3（法人）雑貨と食品　II-4（法人）精肉店　III 廃業手続編

【申告書　第二表⇒申告書　第一表　転記表】

申告書第二表の項目			申告書第一表の項目	
①	課税標準額	⇒	①	課税標準額	
⑰	返還等対価に係る税額	⇒	⑤	控除税額	返還等対価に係る税額
⑪	消費税額	⇒	②	消費税額	

手順18 　納付税額を計算します

❶ 　中間納付税額があるときは国税部分を「⑩中間納付税額」に，地方消費税部分を「㉑中間納付譲渡割額」に記入します。

❷ 　「⑨差引税額」－「⑩中間納付税額」を計算して，プラスのときは「⑪納付税額」に，マイナスのときは「⑫中間納付還付税額」に記入します。

❸ 　「⑳譲渡割額　納税額」－「㉑中間納付譲渡割額」を計算して，プラスのときは「㉒納付譲渡割額」に，マイナスのときは「㉓中間納付還付譲渡割額」に記入します。

Ⅱ 実例編 作成例2

農業と不動産賃貸業を営んでいる個人事業者

中央二郎は農業を営んでいる個人事業者です。

① 春にはわさび，観賞用のバラを収穫して販売しています。
  ・わさび　6月頃収穫　324万円（税込）
  ・バラ　　6月頃収穫　756万円（税込）

② 10月以降には米を収穫，頼まれれば種もみも一緒に販売しています。
  ・米　　　10月以降販売　3,240万円（税込）
  ・種もみ　10月以降販売　66万円（税込）

③ 賃貸アパートを所有しており，別の場所で駐車場も貸しています。
  ・居住用不動産収入　360万円（非課税）
  ・駐車場収入　　　　月10万円（税抜）

④ 基準期間の売上高は3,000万円（税抜）です。

⑤ 消費税の会計処理は，税込経理方式で行っています。

⑥ 簡易課税制度を選択しています。

Ⅰ．作成上の注意

1．農業所得と軽減税率・簡易課税の事業区分

　農業の場合，全ての作物が軽減税率の対象になるわけではなく，食用の農産物のみが軽減税率の対象になります。また，令和1年10月1日から簡易課税制度の事業区分に一部改正があり，改正前は農林水産業のすべてが第三種事業でしたが，改正後は，食用の農林水産物を生産する事業を第二種事業とし，食用ではない作物を生産する農林水産業は第三種事業になりました（☞11頁）。

　したがって，同じ穀物であっても，販売目的が人の食用の場合には軽減税率の対象で，簡易課税の事業区分は第二種の80%，畜産用飼料の場合には標準税率の10%が適用となり，みなし仕入率は第三種の70%になります。

消費税の適用税率は、原則、「売り手」が販売時点で判定します（飲食料品の場合は人の飲用又は食用として販売するのかどうか）。「買い手」の用途は適用税率の判定に関係ありません。

また、売上げと仕入れは別の取引です。農業者の皆さんの場合、売上げの大半が軽減税率の対象、仕入れの大半は標準税率（or軽減税率と混在する）の対象となると考えられます。

（農林水産省ホームページより）

本事例の農業に係る課税売上高を，税率別，事業区分別に集計すると次表のようになります。

品　　目	計上時期	適用税率	事業区分	課税売上高（税込）
わさび	6月	旧税率	旧三種	324万円
バラ	6月	旧税率	旧三種	756万円
米（食用）	10月	軽減税率	新二種	3,240万円
種もみ（栽培用）	10月	標準税率	新三種	66万円

2．不動産所得と消費税の取扱い

(1)　非課税の範囲

居住用に賃貸している不動産の収入は貸付期間が1ヶ月に満たない場合などを除き，礼金・更新料なども含めて非課税です。

土地の貸付けは，原則として消費税は非課税です。しかし，土地の貸付けであっても，賃貸期間が1ヶ月に満たない場合は，課税取引となります。また，駐車場収入は，土地ではなく，駐車場の貸付けと考えますので，原則は課税取引です。

ただし，一戸建て住宅に係る駐車場や，マンションやアパートの貸付けの際に，入居者について1戸当たり1台分以上の駐車スペースが確保されていて，自動車の保有の有無にかかわらず割り当てられる等の場合で，住宅の貸付けの対価とは別に駐車場使用料等を収受していないものについては，駐車場付き住宅として全体が非課税取引になります。

(2)　不動産の貸付けに係る経過措置

平成31年4月1日（指定日）の前日までに契約をした不動産賃貸のうち，次の要件を満たすものについては，令和1年10月1日以後の資産の貸付けについても旧税率8％を適用する経過措置があります。

① 貸付期間及びその期間中の対価の額が定められていること。

② 事業者が事情の変更その他の理由により対価の額の変更を求めることができる旨の定めがないこと。

　一般的な不動産賃貸契約書には「賃料が経済事情の変動，公租公課の増額などによって不相当となった場合には，契約期間中であっても，賃料を改定することができる」という文言が盛り込まれていることが多く，このような文言がある場合は「対価の額の変更を求めることができる旨の定め」がないという要件を満たさないわけですから，経過措置の適用は受けられません。なお，本事例では経過措置の適用はないものとして計算します。

　本事例の不動産に係る売上高を，税率別，事業区分別に集計すると次表のようになります。

品　目	計上時期	適用税率	事業区分	課税売上高（税込）
不動産（居住用）	1月から12月	非課税		360万円
駐車場（9月まで）	1月から9月	旧税率	第六種	97万2千円*1
駐車場（10月から）	10月から12月	標準税率	第六種	33万円*2

＊1　月10万円（税抜）×9月　＋　消費税（8％）＝97万2千円
＊2　月10万円（税抜）×3月　＋　消費税（10%）＝33万円

Ⅱ．申告書の作成

1．作成手順

1．農業に係る課税売上高を税区分ごとに集計します
2．不動産に係る課税売上高を税区分ごとに集計します
3．農業と不動産に係る課税売上高を合計します
4．課税標準額を記入して消費税額を計算します
5．控除対象仕入税額の計算の基礎となる消費税額を記入します
6．事業区分別の課税売上高を記入します
7．事業区分別の売上割合を計算します
8．事業区分別の課税売上高に係る消費税額を計算します
9．付表5－2と付表5－1の2面で「控除対象仕入税額」を計算します
10．付表5の結果を付表4に転記します
11．付表4の税率別消費税額を計算します
12．付表4の地方消費税額を計算します
13．付表4から第二表へ転記します
14．第一表を作成します
15．納付税額を計算します

2．記載例

手順1 農業に係る課税売上高を税区分ごとに集計します

❶ 「表イ－2 課税取引金額計算表（農業所得用）」を利用して，農業の課税売上高を集計します。

❷ 簡易課税を選択しているので，経費を集計する必要はありません。

❸ 収入金額について，税区分ごとに記入します。

❹ 簡易課税制度の事業区分とは関係なく全ての課税取引を税込で記入します。

❺ 9月までの販売金額をDに記入します。

❻ 10月以降の飲食料品の販売金額をEに記入します。

❼ 10月以降の飲食料品以外の販売金額をFに記入します。

手順2 不動産に係る課税売上高を税区分ごとに集計します

❶ 「表イ－3 課税取引金額計算表（不動産所得用)」を利用して，不動産に係る課税売上高を集計します。

❷ 非課税となる居住用不動産の賃貸収入をBに記入します。

❸ 課税となる駐車場収入を9月まではDに，10月以降はFに記入します。

手順3 農業と不動産に係る課税売上高を合計します

❶ 「表ロ 課税売上高計算表」を利用して，全部の所得に係る課税売上高を集計します。

❷ 「表イ－2 課税取引金額計算表（農業所得用）」の「④収入金額 小計」の課税取引金額と税区分ごとの金額を「②農業課税売上高」に転記します。

❸ 「表イ－3 課税取引金額計算表（不動産所得用)」の「④収入金額 計」の課税取引金額と税区分ごとの金額を「③不動産所得に係る課税売上高」に転記します。

❹ 「⑩課税売上高の合計額」に「②農業課税売上高」＋「③不動産所得に係る課税売上高」を計算して記入します。

❺ 「(6) 課税資産の譲渡等の対価の額」を計算します。

❻ 税区分ごとに税抜金額を計算して，⑪⑫⑬欄に記入します。税抜経理方式の場合は仮受消費税等の金額を加算して，税抜金額を算出します。

手順4 課税標準額を記入して消費税額を計算します

❶ 「表ロ 課税売上高計算表」⑪を付表4－2の①－1のCへ転記し，「表ロ 課税売上高計算表」⑫⑬を付表4－1の①－1のDEへ転記します。

❷ 付表4－2と付表4－1のCDEを，それぞれ千円未満を切り捨てて「①課税標準額」に記入します。

❸ 「①課税標準額」に税率をかけて「②消費税額」を計算します。

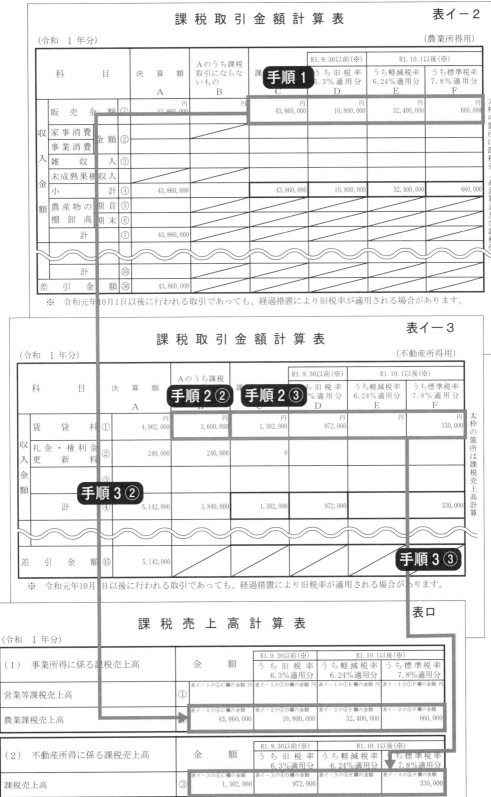

課 税 取 引 金 額 計 算 表　　表イー2

（令和　1年分）　　　　　　　　　　　　　　（農業所得用）

科　　目	決 算 額 A	Aのうち課税取引にならないもの B	課税〈手順1〉C	R1.9.30以前(※) うち旧税率6.3%適用分 D	R1.10.1以後(※) うち軽減税率6.24%適用分 E	うち標準税率7.8%適用分 F
販 売 金 額 ①	43,860,000 円	円	43,860,000	10,800,000 円	32,400,000 円	660,000 円
収入金額 家事消費 事業消費 金 額 ②						
雑 収 入 ③						
未成熟果樹収入						
小　　計 ④	43,860,000		43,860,000	10,800,000	32,400,000	660,000
農産物の 期首 ⑤ 棚卸高 期末 ⑥						
計 ⑦	43,860,000					
計 ㉟						
差 引 金 額 ㊱	43,860,000					

※ 令和元年10月1日以後に行われる取引であっても、経過措置により旧税率が適用される場合があります。

太枠の箇所は課税売上高計算表及び課税仕…

課 税 取 引 金 額 計 算 表　　表イー3

（令和　1年分）　　　　　　　　　　　　　（不動産所得用）

科　　目	決 算 額 A	Aのうち課税〈手順2②〉B	課〈手順2③〉C	R1.9.30以前(※) うち旧税率%適用分 D	R1.10.1以後(※) うち軽減税率6.24%適用分 E	うち標準税率7.8%適用分 F
賃 貸 料 ①	4,902,000 円	3,600,000 円	1,302,000 円	972,000 円	円	330,000 円
収入金額 礼金・権利金 更 新 料 ②	240,000	240,000	0			
③						
〈手順3②〉計 ④	5,142,000	3,840,000	1,302,000	972,000		330,000
差 引 金 額 ⑮	5,142,000					〈手順3③〉

※ 令和元年10月1日以後に行われる取引であっても、経過措置により旧税率が適用される場合があります。

太枠の箇所は課税売上高計算

課 税 売 上 高 計 算 表　　表ロ

（令和　1年分）

（1）　事業所得に係る課税売上高	金　　額	R1.9.30以前(※) うち旧税率6.3%適用分	R1.10.1以後(※) うち軽減税率6.24%適用分	うち標準税率7.8%適用分
営業等課税売上高	①	表イー1の①C欄の金額 円	表イー1の①D欄の金額 円	表イー1の①E欄の金額 円	表イー1の①F欄の金額 円
農業課税売上高		表イー2の①C欄の金額 43,860,000	表イー2の①D欄の金額 10,800,000	表イー2の④E欄の金額 32,400,000	表イー2の④F欄の金額 660,000

（2）　不動産所得に係る課税売上高	金　　額	R1.9.30以前(※) うち旧税率6.3%適用分	R1.10.1以後(※) うち軽減税率6.24%適用分	うち標準税率7.8%適用分
課税売上高	③	表イー3の④C欄の金額 1,302,000	表イー3の④D欄の金額 972,000	表イー3の④E欄の金額	表イー3の④F欄の金額 330,000

I 基本編　II 実例編　II 1（個人）寿司屋　II 2賃貸（個人）農業と不動産　II 3（法人）雑貨と食品　II 4（法人）精肉店　III 廃業手続編

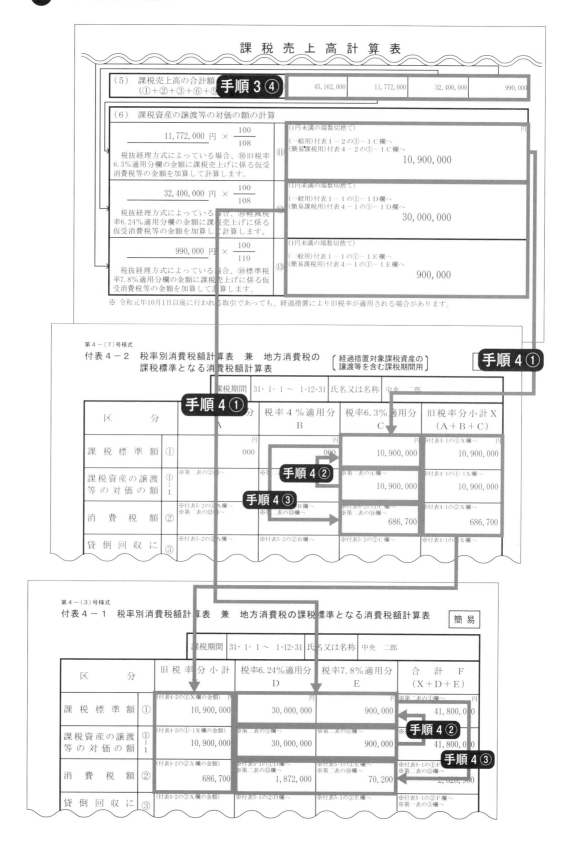

手順5　控除対象仕入税額の計算の基礎となる消費税額を記入します

　付表5−2と付表5−1で控除対象仕入税額等を計算するために，付表4−2と付表4−1の「②消費税額」を付表5−2と付表5−1の「①課税標準額に対する消費税額」に転記します。

手順6　事業区分別の課税売上高を記入します

❶　「表イ−2　課税取引金額計算表（農業所得用）」と「表イ−3　課税取引金額計算表（不動産所得用）」の「④収入金額　計　旧税率6.3％適用分D」の金額を税抜（100/108）にして，事業区分ごとに付表5−2の「Ⅲ−(1)事業区分別の課税売上高（税抜き）の明細」に転記します。

❷　「表イ−2　課税取引金額計算表（農業所得用）」と「表イ−3　課税取引金額計算表（不動産所得用）」の「④収入金額　計　軽減税率6.24％適用分E」と「標準税率7.8％適用分F」の金額を税抜（100/108と100/110）にして，事業区分ごとに付表5−1の「Ⅲ−(1)事業区分別の課税売上高（税抜き）の明細」に転記します。

手順7　事業区分別の売上割合を計算します

❶　付表5−1の「Ⅲ−(1)事業区分別の課税売上高（税抜き）の明細」の「旧税率分小計X」＋「税率6.24％適用分D」＋「税率7.8％適用分」を合計して「合計F」に記入します。

❷　「⑧第二種事業（小売業）　合計F」÷「⑥事業区分別の合計額　合計F」を計算して，⑧の売上割合に記入します。他の事業区分も同様に計算します（⑦〜⑫÷⑥）。

手順8　事業区分別の課税売上高に係る消費税額を計算します

❶　付表5−2の「Ⅲ−(1)事業区分別の課税売上高（税抜き）の明細」「⑨第三種事業（製造業等）」×税率6.3％を計算して「⑯第三種事業（製造業等）C」に記入します。他の事業区分も同様に計算します。

❷　付表5−1の「Ⅲ−(1)事業区分別の課税売上高（税抜き）の明細」「⑧第二種事業（小売業）」×税率6.24％を計算して「⑮第二種事業（小売業）D」に記入します。また，軽減税率ではない場合は税率7.8％で計算します。他の事業区分も同様に計算します。

Ⅰ　基　本　編

Ⅱ　実　例　編

Ⅱ　1　寿司屋（個人）

Ⅱ　2　賃貸（個人）農業と不動産

Ⅱ　3　雑貨と食品（法人）

Ⅱ　4　精肉店（法人）

Ⅲ　廃業手続編

第4－（8）号様式

付表5－2　控除対象仕入税額等の計算表
〔経過措置対象課税資産の譲渡等を含む課税期間用〕

手順5

簡　易

課税期間	31・1・1 ～　1・12・31	氏名又は名称	中央　二郎

Ⅰ　控除対象仕入税額の計算の基礎となる消費税額

項　目		税率3%適用分 A	税率4%適用分 B	税率6.3%適用分 C	旧税率分小計　X （A＋B＋C）
課　税　標　準　額　に 対　す　る　消　費　税　額	①	(付表4-2の②A欄の金額) 円	(付表4-2の②B欄の金額) 円	(付表4-2の②C欄の金額) 円 686,700	※付表5-1の①X欄へ 円 686,700
貸　倒　回　収　に 係　る　消　費　税　額	②	(付表4-2の③A欄の金額)	(付表4-2の③B欄の金額)	(付表4-2の③C欄の金額)	※付表5-1の②X欄へ
売　上　対　価　の　返　還　等 に　係　る　消　費　税　額	③	(付表4-2の⑤A欄の金額)	(付表4-2の⑤B欄の金額)	(付表4-2の⑤C欄の金額)	※付表5-1の③X欄へ
控除対象仕入税額の計算の基礎 となる消費税額　（①＋②－③）	④			686,700	※付表5-1の④X欄へ 686,700

Ⅱ　1種類の事業の専業者の場合の控除対象仕入税額

項　目		税率3%適用分 A	税率4%適用分 B	税率6.3%適用分 C	旧税率分小計　X （A＋B＋C）
④　×　み　な　し　仕　入　率 （90%・80%・70%・60%・50%・40%）	⑤	※付表4-2の④A欄へ 円	※付表4-2の④B欄へ 円	※付表4-2の④C欄へ 円	※付表5-1の⑤X欄へ 円

手順6 ①

Ⅲ　2種類以上の事業を営む事業者の場合の控除対象仕入税額
（1）事業区分別の課税売上高（税抜き）の明細

項　目		税率3%適用分 A	税率4%適用分 B	税率6.3%適用分 C	旧税率分小計　X （A＋B＋C）
事　業　区　分　別　の　合　計　額	⑥	円	円	円 10,900,000	※付表5-1の⑥X欄へ 10,900,000
第　一　種　事　業 （　卸　売　業　）	⑦				※付表5-1の⑦X欄へ
第　二　種　事　業 （　小　売　業　）	⑧				※付表5-1の⑧X欄へ
第　三　種　事　業 （　製　造　業　等　）	⑨			10,000,000	※付表5-1の⑨X欄へ 10,000,000
第　四　種　事　業 （　そ　の　他　）	⑩				※付表5-1の⑩X欄へ
第　五　種　事　業 （サ　ー　ビ　ス　業　等）	⑪				※付表5-1の⑪X欄へ
第　六　種　事　業 （　不　動　産　業　）	⑫			900,000	※付表5-1の⑫X欄へ 900,000

手順8 ①

（2）（1）の事業区分別の課税売上高に係る消費税額の明細

項　目		税率3%適用分 A	税率4%適用分 B	税率6.3%適用分 C	旧税率分小計　X （A＋B＋C）
事　業　区　分　別　の　合　計　額	⑬	円	円	円 686,700	※付表5-1の⑬X欄へ 円 686,700
第　一　種　事　業 （　卸　売　業　）	⑭				※付表5-1の⑭X欄へ
第　二　種　事　業 （　小　売　業　）	⑮				※付表5-1の⑮X欄へ
第　三　種　事　業 （　製　造　業　等　）	⑯			630,000	※付表5-1の⑯X欄へ 630,000
第　四　種　事　業 （　そ　の　他　）	⑰				※付表5-1の⑰X欄へ
第　五　種　事　業 （サ　ー　ビ　ス　業　等）	⑱				※付表5-1の⑱X欄へ
第　六　種　事　業 （　不　動　産　業　）	⑲			56,700	※付表5-1の⑲X欄へ 56,700

注意1　金額の計算においては、1円未満の端数を切り捨てる。
　　2　旧税率が適用された取引がある場合は、当該付表を作成してから付表5-1を作成する。
　　3　課税売上げにつき返品を受け又は値引き・割戻しをした金額（売上対価の返還等の金額）があり、売上（収入）金額から減算しない方法で経理して経費に含めている場合には、⑥から⑫欄には売上対価の返還等の金額（税抜き）を控除した後の金額を記載する。

（1／2）

第4-(4)号様式

付表5-1　控除対象仕入税額等の計算表　｜簡易｜

課税期間	31・1・1 ～ 1・12・31	氏名又は名称	中央　二郎

I　控除対象仕入税額の計算の基礎となる消費税額

項　目	旧税率分小計 X	税率6.24%適用分 D	税率7.8%適用分 E	合　計　F (X+D+E)
課税標準額に対する消費税額　①	(付表5-2の①X欄の金額) 円 686,700	(付表4-1の②D欄の金額) 円 1,872,000	(付表4-1の②E欄の金額) 円 70,200	(付表4-1の②F欄の金額) 円 2,628,900
貸倒回収に係る消費税額　②	(付表5-2の③X欄の金額)	(付表4-1の③D欄の金額)	(付表4-1の③E欄の金額)	(付表4-1の③F欄の金額)
売上対価の返還等に係る消費税額　③	(付表5-2の③X欄の金額)	(付表4-1の⑤D欄の金額)	(付表4-1の⑤E欄の金額)	(付表4-1の⑤F欄の金額)
控除対象仕入税額の計算の基礎となる消費税額（①+②-③）　④	(付表5-2の④X欄の金額) 686,700	1,872,000	70,200	2,628,900

II　1種類の事業の専業者の場合の控除対象仕入税額

項　目	旧税率分小計 X	税率6.24%適用分 D	税率7.8%適用分 E	合　計　F
④×みなし仕入率 (90%・80%・70%・60%・50%・40%)　⑤	(付表5-2の⑤X欄の金額) 円	※付表4-1の④D欄へ 円	※付表4-1の④E欄へ 円	※付表4-1の④F欄へ 円

手順6②　**手順7**

III　2種類以上の事業を営む事業者の場合の控除対象仕入税額
(1)　事業区分別の課税売上高（税抜き）の明細

項　目	旧税率分小計 X	税率6.24%適用分 D	税率7.8%適用分 E	合　計　F (X+D+E)	
事業区分別の合計額　⑥	(付表5-2の⑥X欄の金額) 円 10,900,000	円 30,000,000	円 900,000	41,800,000	売上割合
第一種事業（卸売業）　⑦	(付表5-2の⑦X欄の金額)			※第一表「事業区分」欄へ	%
第二種事業（小売業）　⑧	(付表5-2の⑧X欄の金額)	30,000,000		※　〃　30,000,000	71.7
第三種事業（製造業等）　⑨	(付表5-2の⑨X欄の金額) 10,000,000		600,000	※　〃　10,600,000	25.3
第四種事業（その他）　⑩	(付表5-2の⑩X欄の金額)			※　〃	
第五種事業（サービス業等）　⑪	(付表5-2の⑪X欄の金額)			※　〃	
第六種事業（不動産業）　⑫	(付表5-2の⑫X欄の金額) 900,000		300,000	※　〃　1,200,000	2.8

(2)　(1)の事業区分別の課税売上高に係る消費税額の明細

手順8②

項　目	旧税率分小計 X	税率6.24%適用分 D	税率7.8%適用分 E	合　計　F (X+D+E)
事業区分別の合計額　⑬	(付表5-2の⑬X欄の金額) 円 686,700	円 1,872,000	円 70,200	円 2,628,900
第一種事業（卸売業）　⑭	(付表5-2の⑭X欄の金額)			
第二種事業（小売業）　⑮	(付表5-2の⑮X欄の金額)	1,872,000		1,872,000
第三種事業（製造業等）　⑯	(付表5-2の⑯X欄の金額) 630,000		46,800	676,800
第四種事業（その他）　⑰	(付表5-2の⑰X欄の金額)			
第五種事業（サービス業等）　⑱	(付表5-2の⑱X欄の金額)			
第六種事業（不動産業）　⑲	(付表5-2の⑲X欄の金額) 56,700		23,400	80,100

注意1　金額の計算においては、1円未満の端数を切り捨てる。
　　2　旧税率が適用された取引がある場合は、付表5-2を作成してから当該付表を作成する。
　　3　課税売上げにつき返品を受け又は値引き・割戻しをした金額（売上対価の返還等の金額）があり、売上(収入)金額から減算しない方法で経理して経費に含めている場合には、⑥から⑫欄には売上対価の返還等の金額（税抜き）を控除した後の金額を記載する。

(1／2)

手順9　付表5－2と付表5－1の2面で「**控除対象仕入税額**」を計算します

❶　まず，「原則計算を適用する場合」を計算します。付表5－2の1面の金額から税区分ごとに計算をします。

　　　④×みなし仕入率＊1

　　　＊1　(⑭×90％＋⑮×80％＋⑯×70％＋⑰×60％＋⑱×50％＋⑲×40％) ÷⑬

❷　次に「特例計算を適用する場合」を計算します。本事例では「(ロ) 2種類の事業で75％以上」で，第二種事業及び第三種事業の売上割合の合計が97％となるので，㉗で計算します。

　　　④× ((⑮×80％＋ (⑬－⑮) ×70％) ÷⑬)

❸　「原則計算」と「特例計算」で計算した金額のうち，いずれか大きい金額を「㊲　選択可能な計算式区分の内から選択した金額」に転記します。

付表5－2　2面

（3）控除対象仕入税額の計算式区分の明細
イ　原則計算を適用する場合

控除対象仕入税額の計算式区分	税率3%適用分 A	税率4%適用分 B	税率6.3%適用分 C	旧税率分小計 X (A+B+C)
④×みなし仕入率 (⑭×90%+⑮×80%+⑯×70%+⑰×60%+⑱×50%+⑲×40%)／⑬ ⑳	手順9① 円	円	463,679 円	※付表5-1の㉚X欄へ 463,679 円

ロ　特例計算を適用する場合
（イ）1種類の事業で75%以上

控除対象仕入税額の計算式区分 (各項のF欄については付表5-1のF欄を参照のこと)	税率3%適用分 A	税率4%適用分 B	税率6.3%適用分 C	旧税率分小計 X (A+B+C)
(⑦F／⑥F・⑧F／⑥F・⑨F／⑥F・⑩F／⑥F・⑪F／⑥F・⑫F／⑥F)≧75% ④×みなし仕入率(90%・80%・70%・60%・50%・40%) ㉑	円	円	円	※付表5-1の㉑X欄へ 円

（ロ）2種類の事業で75%以上

控除対象仕入税額の計算式区分 (各項のF欄については付表5-1のF欄を参照のこと)	税率3%適用分 A	税率4%適用分 B	税率6.3%適用分 C	旧税率分小計 X (A+B+C)
第二種事業及び第三種事業 (⑧F+⑨F)／⑥F≧75% ④×(⑮×80%+(⑬-⑮)×70%)／⑬ ㉗	円 手順9②	円	480,690	※付表5-1の㉗X欄へ 480,690

ハ　上記の計算式区分から選択した控除対象仕入税額

項目	税率3%適用分 A	税率4%適用分 B	税率6.3%適用分 C	旧税率分小計 X (A+B+C)
選択可能な計算式区分(⑳～㊱)の内から選択した金額 ㊲	※付表4-2の④A欄へ 円	手順9③ 円	※付表4-2の④C欄へ 円 480,690	※付表5-1の㉝X欄へ 円 480,690

注意1　金額の計算においては、1円未満の端数を切り捨てる。
　　2　旧税率が適用された取引がある場合は、当該付表を作成してから付表5-1を作成する。

付表5－1　2面

（3）控除対象仕入税額の計算式区分の明細
イ　原則計算を適用する場合

控除対象仕入税額の計算式区分	旧税率分小計 X	税率6.24%適用分 D	税率7.8%適用分 E	合計 F (X+D+E)
④×みなし仕入率 (⑭×90%+⑮×80%+⑯×70%+⑰×60%+⑱×50%+⑲×40%)／⑬	手順9① 679 円	1,497,600 円	42,120 円	2,003,399 円

ロ　特例計算を適用する場合
（イ）1種類の事業で75%以上

控除対象仕入税額の計算式区分	旧税率分小計 X	税率6.24%適用分 D	税率7.8%適用分 E	合計 F (X+D+E)
(⑦F／⑥F・⑧F／⑥F・⑨F／⑥F・⑩F／⑥F・⑪F／⑥F・⑫F／⑥F)≧75% ④×みなし仕入率(90%・80%・70%・60%・50%・40%) ㉑	(付表5-2の㉑X欄の金額)円	円	円	円

（ロ）2種類の事業で75%以上

控除対象仕入税額の計算式区分	旧税率分小計 X	税率6.24%適用分 D	税率7.8%適用分 E	合計 F (X+D+E)
第二種事業及び第三種事業 (⑧F+⑨F)／⑥F≧75% ④×(⑮×80%+(⑬-⑮)×70%)／⑬	手順9② 690	1,497,600	49,140	2,027,429

ハ　上記の計算式区分から選択した控除対象仕入税額

項目	旧税率分小計 X	税率6.24%適用分 D	税率7.8%適用分 E	合計 F (X+D+E)
選択可能な計算式区分(⑳～㊱)の内から選択した金額	手順9③ 690	※付表4-1の④D欄へ 円 1,497,600	※付表4-1の④E欄へ 円 49,140	※付表4-1の④F欄へ 円 2,027,429

注意1　金額の計算においては、1円未満の端数を切り捨てる。
　　2　旧税率が適用された取引がある場合は、付表5-2を作成してから当該付表を作成する。

手順10 付表5の結果を付表4に転記します

付表5−2と付表5−1の2面で計算した「㊲選択可能な計算式区分の内から選択した金額」を付表4−2と付表4−1の「④控除対象仕入税額」に転記します。

手順11 付表4の税率別消費税額を計算します

❶ 付表4−2と付表4−1の「⑨差引税額」を計算します。「④控除税額　控除対象仕入税額」＋「⑤控除税額　返還等対価に係る税額」＋「⑥控除税額　貸倒れに係る税額」を計算して「⑦控除税額小計」に記入します。

❷ 「⑦控除税額小計」＞「②消費税額」＋「③貸倒回収に係る消費税額」のときは，「⑦控除税額小計」−「②消費税額」−「③貸倒回収に係る消費税額」を「⑧控除不足還付税額」に記入します。

❸ 「⑦控除税額小計」≦「②消費税額」＋「③貸倒回収に係る消費税額」のときは，「②消費税額」＋「③貸倒回収に係る消費税額」−「⑦控除税額小計」を「⑨差引税額」に記入します。

手順12 付表4の地方消費税額を計算します

❶ 付表4−2と付表4−1の「⑮譲渡割額　納税額」を計算します。「⑨差引税額」を「⑫地方消費税の課税標準となる消費税額　差引税額」に転記します。

❷ 税区分ごとに「⑮譲渡割額　納税額」を計算します。

税率6.3%適用分　「⑫地方消費税の課税標準となる消費税額　差引税額」×17/63

税率7.8%適用分　「⑫地方消費税の課税標準となる消費税額　差引税額」×22/78

第4−（7）号様式

付表4−2　税率別消費税額計算表　兼　地方消費税の　〔経過措置対象課税資産の〕　簡　易
　　　　　課税標準となる消費税額計算表　　　〔譲渡等を含む課税期間用〕

| 課税期間 | 31・1・1 〜　1・12・31 | 氏名又は名称　中央　二郎 |

区　　　分		税率3％適用分 A	税率4％適用分 B	税率6.3％適用分 C	旧税率分小計X （A＋B＋C）
課　税　標　準　額	①	円 000	円 000	円 ※付表4-1の①X欄へ 10,900,000	円 10,900,000
課税資産の譲渡等の対価の額	①-1	※第二表の②欄へ	※第二表の③欄へ	※第二表の④欄へ 10,900,000	※付表4-1の①-1X欄へ 10,900,000
消　費　税　額	②	※付表5-2の①A欄へ ※第二表の⑫欄へ	※付表5-2の①B欄へ ※第二表の⑬欄へ	※付表5-2の①C欄へ ※第二表の⑭欄へ 686,700	※付表4-1の②X欄へ 686,700
貸倒回収に係る消費税額	③	※付表5-2の②A欄へ	※付表5-2の②B欄へ	※付表5-2の②C欄へ	※付表4-1の③X欄へ
控除	控除対象仕入税額	④	(付表5-2の⑤A欄又は㉗A欄の金額)	(付表5-2の⑤B欄又は㉗B欄の金額)	(付表5-2の⑤C欄又は㉗C欄の金額) 480,690	※付表4-1の④X欄へ 480,690
税額	返還等対価に係る税額	⑤	※付表5-2の③A欄へ	※付表5-2の③B欄へ	※付表5-2の③C欄へ	※付表4-1の⑤X欄へ
	貸倒れに係る税額	⑥				※付表4-1の⑥X欄へ
	控除税額小計 （④＋⑤＋⑥）	⑦			480,690	※付表4-1の⑦X欄へ 480,690
控除不足還付税額 （⑦−②−③）	⑧		※⑪B欄へ	※⑪C欄へ	※付表4-1の⑧X欄へ
差　引　税　額 （②＋③−⑦）	⑨		※⑫B欄へ	※⑫C欄へ 206,010	※付表4-1の⑨X欄へ 206,010
合計差引税額 （⑨−⑧）	⑩				
地方と消費税の課税標準となる消費税額の課税標準	控除不足還付税額	⑪		(⑧B欄の金額)	(⑧C欄の金額)	※付表4-1の⑪X欄へ
	差　引　税　額	⑫		(⑨B欄の金額)	(⑨C欄の金額) 206,010	※付表4-1の⑫X欄へ 206,010
合計差引地方消費税の課税標準となる消費税額 （⑫−⑪）	⑬		※第二表の㉑欄へ	※第二表の㉒欄へ 206,010	※付表4-1の⑬X欄へ 206,010
譲渡割額	還　付　額	⑭		(⑪B欄×25/100)	(⑪C欄×17/63)	※付表4-1の⑭X欄へ
	納　税　額	⑮		(⑫B欄×25/100)	(⑫C欄×17/63) 55,589	※付表4-1の⑮X欄へ 55,589
合計差引譲渡割額 （⑮−⑭）	⑯				

手順10　手順11　手順12①　手順12②

注意　1　金額の計算においては、1円未満の端数を切り捨てる。
　　　2　旧税率が適用された取引がある場合は、当該付表を作成してから付表4-1を作成する。

第4-（3）号様式

付表4-1　税率別消費税額計算表　兼　地方消費税の課税標準となる消費税額計算表

簡 易

課税期間	31・1・1 ～　1・12・31	氏名又は名称	中央　二郎

区　　分		旧税率分小計 X	税率6.24％適用分 D	税率7.8％適用分 E	合　計　F （X＋D＋E）
課 税 標 準 額	①	（付表4-2の①X欄の金額）　円 10,900,000	円 30,000,000	円 900,000	※第二表の①欄へ　　円 41,800,000
課税資産の譲渡等の対価の額	①-1	（付表4-2の①-1X欄の金額） 10,900,000	※第二表の⑤欄へ 30,000,000	※第二表の⑥欄へ 900,000	※第二表の⑦欄へ 41,800,000
消　費　税　額	②	（付表4-2の②X欄の金額） 686,700	※付表5-1の①D欄へ ※第二表の⑮欄へ 1,872,000	※付表5-1の①E欄へ ※第二表の⑯欄へ 70,200	※付表5-1の①F欄へ ※第二表の⑪欄へ 2,628,900
貸倒回収に係る消費税額	③	（付表4-2の③X欄の金額）	※付表5-1の②D欄へ	※付表5-1の②E欄へ	※付表5-1の②F欄へ ※第二表の⑤欄へ
控除税額	控除対象仕入税額 ④	（付表4-2の④X欄の金額） 480,690	※付表5-1の⑤D欄又は㉗D欄の金額） 1,497,600	※付表5-1の⑤E欄又は㉗E欄の金額） 49,140	※付表5-1の⑤F欄又は㉗F欄の金額） ※第一表の④欄へ 2,027,429
	返還等対価に係る税額 ⑤	（付表4-2の⑤X欄の金額）	※付表5-1の③D欄へ	※付表5-1の③E欄へ	※付表5-1の③F欄へ ※第二表の⑰欄へ
	貸倒れに係る税額 ⑥	（付表4-2の⑥X欄の金額）			※第一表の⑥欄へ
	控除税額小計 （④＋⑤＋⑥） ⑦	（付表4-2の⑦X欄の金額） 480,690	1,497,600	49,140	※第一表の⑦欄へ 2,027,429
控除不足還付税額 （⑦－②－③）	⑧	（付表4-2の⑧X欄の金額）	※⑪E欄へ	※⑪E欄へ	
差　引　税　額 （②＋③－⑦）	⑨	（付表4-2の⑨X欄の金額） 206,010	※⑫E欄へ 374,400	※⑫E欄へ 21,060	601,471
合計差引税額 （⑨－⑧）	⑩				※マイナスの場合は第一表の⑧欄へ ※プラスの場合は第一表の⑨欄へ 601,471
地方消費税の課税標準となる消費税額	控除不足還付税額 ⑪	（付表4-2の⑪X欄の金額）		（⑧D欄と⑧E欄の合計金額）	
	差　引　税　額 ⑫	（付表4-2の⑫X欄の金額） 206,010		（⑨D欄と⑨E欄の合計金額） 395,460	601,470
合計差引地方消費税の課税標準となる消費税額 （⑫－⑪）	⑬	（付表4-2の⑬X欄の金額） 206,010		※第二表の㉘欄へ 395,460	※マイナスの場合は第一表の⑰欄へ ※プラスの場合は第一表の⑱欄へ ※第二表の⑳欄へ 601,470
譲渡割額	還　付　額 ⑭	（付表4-2の⑭X欄の金額）		（⑪E欄×22/78）	
	納　税　額 ⑮	（付表4-2の⑮X欄の金額） 55,589		（⑫E欄×22/78） 111,539	167,128
合計差引譲渡割額 （⑮－⑭）	⑯				※マイナスの場合は第一表の⑲欄へ ※プラスの場合は第一表の⑳欄へ 167,128

注意　1　金額の計算においては、1円未満の端数を切り捨てる。
　　　2　旧税率が適用された取引がある場合は、付表4-2を作成してから当該付表を作成する。

手順13　**付表4から第二表へ転記します**

	転記元		転記先
付表4-2 税率6.3% 適用分	①-1課税資産の譲渡等の対価の額	第二表	④課税資産の譲渡等の対価の額の合計額　6.3%適用分
	②消費税額		⑭消費税額の内訳　6.3%適用分
	⑬合計差引地方消費税の課税標準となる消費税額		㉒地方消費税の課税標準となる消費税額　6.3%適用分
付表4-1 税率6.24%, 7.8%適用分	①課税標準額		①課税標準額
	①-1課税資産の譲渡等の対価の額		⑤⑥⑦課税資産の譲渡等の対価の額の合計額
	②消費税額		⑪⑮⑯消費税額
	⑬合計差引地方消費税の課税標準となる消費税額		⑳㉓地方消費税の課税標準となる消費税額

手順14　**第一表を作成します**

	転記元		転記先
第二表	①課税標準額	第一表	①課税標準額
	⑪消費税額		②消費税額
付表4-1 税率6.24%, 7.8%適用分	④控除税額　控除対象仕入税額		④控除税額　控除対象仕入税額
	⑦控除税額　控除税額小計		⑦控除税額　控除税額小計
	⑩合計差引税額		⑨差引税額
	⑬合計差引地方消費税の課税標準となる消費税額		⑱地方消費税の課税標準となる消費税額　差引税額
	⑯合計差引譲渡割額		⑳譲渡割額　納税額

手順15　**納付税額を計算します**

❶　中間納付税額があるときは国税部分を「⑩中間納付税額」に，地方消費税部分を「㉑中間納付譲渡割額」に記入します。

❷　「⑨差引税額」－「⑩中間納付税額」を計算して，プラスのときは「⑪納付税額」に，マイナスのときは「⑫中間納付還付税額」に記入します。

❸　「⑳譲渡割額　納税額」－「㉑中間納付譲渡割額」を計算して，プラスのときは「㉒納付譲渡割額」に，マイナスのときは「㉓中間納付還付譲渡割額」に記入します。

Ⅰ 基本編
Ⅱ 実例編
Ⅱ 1 寿司屋（個人）
Ⅱ 2 農業と不動産賃貸（個人）
Ⅱ 3 雑貨と食品（法人）
Ⅱ 4 精肉店（法人）
Ⅲ 廃業手続編

手順13

第3-(2)号様式

課税標準額等の内訳書

個人事業者用

第二表

令和元年十月一日以後終了課税期間分

整理番号								

納　税　地	千代田区神田神保町1-31-2
	（電話番号　　　　－　　　　－　　　　）
（フリガナ）	
屋　　　号	
（フリガナ）	チュウオウ　ジロウ
氏　　　名	中央　二郎

改 正 法 附 則 に よ る 税 額 の 特 例 計 算

軽 減 売 上 割 合（１０営業日）	○	附則38①	51
小 売 等 軽 減 仕 入 割 合	○	附則38②	52
小 売 等 軽 減 売 上 割 合	○	附則39①	53

自 平成・令和 ３１ 年 １ 月 １ 日　　**課税期間分の消費税及び地方**
至 令和 １ 年 １２ 月 ３１ 日　　**消費税の（　確　定　）申告書**

中間申告　自 平成・令和 □□ 年 □□ 月 □□ 日
の場合の
対象期間　至 令和 □□ 年 □□ 月 □□ 日

課　税　標　準　額　　※申告書（第一表）の①欄へ	**付表4－1①F** 4 1 8 0 0 0 0 0 0	01

課 税 資 産 の譲 渡 等 の対 価 の 額の 合 計 額	3 ％ 適 用 分	②		02
	4 ％ 適 用 分	③		03
	6.3 ％ 適 用 分	④	**付表4－2①－1C** 1 0 9 0 0 0 0 0 0	04
	6.24 ％ 適 用 分	⑤	3 0 0 0 0 0 0 0	05
	7.8 ％ 適 用 分	⑥	**付表4－1①－1** 9 0 0 0 0 0 0	06
		⑦	4 1 8 0 0 0 0 0	07
特 定 課 税 仕 入 れに 係 る 支 払 対 価の 額 の 合 計 額（注1）	6.3 ％ 適 用 分	⑧		11
	7.8 ％ 適 用 分	⑨		12
		⑩		13

消　費　税　額　　※申告書（第一表）の②欄へ	**付表4－1②F** 2 6 2 8 9 0 0	21

⑪ の 内 訳	3 ％ 適 用 分	⑫		22
	4 ％ 適 用 分	⑬		23
	6.3 ％ 適 用 分	⑭	**付表4－2②C** 6 8 6 7 0 0	24
	6.24 ％ 適 用 分	⑮	**付表4－1②DE** 1 8 7 2 0 0 0	25
	7.8 ％ 適 用 分	⑯	7 0 2 0 0	26

返 還 等 対 価 に 係 る 税 額　　※申告書（第一表）の⑤欄へ	⑰		31
⑰の内訳	売 上 げ の 返 還 等 対 価 に 係 る 税 額	⑱		32
	特定課税仕入れの返還等対価に係る税額（注1）	⑲		33

地 方 消 費 税 の課 税 標 準 と な る消 費 税 額（注2）		⑳	**付表4－1⑬F** 6 0 1 4 7 0	41
	4 ％ 適 用 分	㉑		42
	6.3 ％ 適 用 分	㉒	**付表4－2⑬C** 2 0 6 0 1 0	43
	6.24％及び7.8％ 適 用 分	㉓	**付表4－1⑬E** 3 9 5 4 6 0	44

手順14

GK0405

第3－(3)号様式

年　月　日	神田 税務署長殿
納　税　地	千代田区神田神保町1-31-2
	（電話番号　　　－　　　－　　　）
（フリガナ）	
屋　号	
個人番号	※　個人番号は複写されません。
（フリガナ）	チュウオウ　ジロウ
氏　名	中央　二郎　㊞

控

※税務署処理欄	一　連　番　号		
所管 要否 整理番号			
申告年月日	令和　　年　　月　　日		
申告区分	指導等	庁指定	局指定
通信日付印　確認印　確認書類	個人番号カード／通知カード・運転免許証／その他（　　　）		身元確認
年　月　日			
指導　年　月　日		相談 区分1 区分2 区分3	
令和			

㊡ 個人事業者用　第一表

自 平成・令和 31 年 1 月 1 日
至 令和 1 年 12 月 31 日

課税期間分の消費税及び地方消費税の（ 確定 ）申告書

中間申告 自 平成・令和　　年　　月　　日
の場合の 対象期間 至 令和　　年　　月　　日

令和元年十月一日以後終了課税期間分（簡易課税用）

この申告書による消費税の税額の計算

課税標準額	① **第二表①**	4 1 8 0 0 0 0 0 0	03
消費税額	② **第二表⑪**	2 6 2 8 9 0 0	06
貸倒回収に係る消費税額	③		07
控除税額	控除対象仕入税額 ④ **付表4－1④F**	2 0 2 7 4 2 9	08
	返還等対価に係る税額 ⑤		09
	貸倒れに係る税額 ⑥		10
	控除税額小計（④+⑤+⑥）⑦ **付表4－1⑦F**	2 0 2 7 4 2 9	
控除不足還付税額（⑦－②－③）⑧			13
差引税額（②+③－⑦）⑨ **付表4－1⑩F**		6 0 1 4 0 0	15
中間納付税額 ⑩		0 0	16
納付税額（⑨－⑩）⑪		6 0 1 4 0 0	
中間納付還付税額（⑩－⑨）⑫		0 0	18
この申告書が修正申告である場合 既確定税額 ⑬			19
	差引納付税額 ⑭		0 0	20
この課税期間の課税売上高 ⑮		4 1 8 0 0 0 0 0	21
基準期間の課税売上高 ⑯		1 3 5 5 2 1 0 0 0	

この申告書による地方消費税の税額の計算

地方消費税の課税標準となる消費税額	控除不足還付税額 ⑰		51
	差引税額 ⑱ **付表4－1⑬F**	6 0 1 4 0 0	52
譲渡割額	還付額 ⑲		53
	納税額 ⑳ **付表4－1⑯F**	1 6 7 1 0 0	
中間納付譲渡割額 ㉑		0 0	55
納付譲渡割額（⑳－㉑）㉒		1 6 7 1 0 0	
中間納付還付譲渡割額（㉑－⑳）㉓		0 0	57
この申告書が修正申告である場合 既確定譲渡割額 ㉔			58
	差引納付譲渡割額 ㉕		0 0	59
消費税及び地方消費税の合計（納付又は還付）税額 ㉖		7 6 8 5 0 0	60

付記事項				
割賦基準の適用	◯	有	◉	無	31
延払基準等の適用	◯	有	◉	無	32
工事進行基準の適用	◯	有	◉	無	33
現金主義会計の適用	◯	有	◉	無	34
課税標準額に対する消費税額の計算の特例の適用	◯	有	◉	無	35

参考事項 事業区分	区分	課税売上高（免税売上高を除く）	売上割合%	
	第1種	千円	.	36
	第2種	30,000	7 1 . 7	37
	第3種	10,600	2 5 . 3	38
	第4種		.	39
	第5種		.	42
	第6種	1,200	2 . 8	43
特例計算適用（令57③）	◯ 有 ◉ 無			40

手順15② →（⑪欄 601400 を指す）

手順15③ →（㉒欄 167100 を指す）

還付を受けようとする金融機関等	銀行 金庫・組合 農協・漁協	本店・支店 出張所 本所・支所
	預金 口座番号	
	ゆうちょ銀行の貯金記号番号	－
	郵便局名等	

※税務署整理欄

税理士署名押印		㊞
（電話番号　　　－　　　－　　　）		

◯	税理士法第30条の書面提出有
◯	税理士法第33条の2の書面提出有

側タブ：Ⅰ 基本編　Ⅱ 実例編　Ⅱ-1（個人）寿司屋　Ⅱ-2 賃貸（個人）農業と不動産　Ⅱ-3（法人）雑貨と食品　Ⅱ-4（法人）精肉店　Ⅲ 廃業手続編

Ⅱ 実例編　作成例3

雑貨と食品を扱うスーパーを経営する法人

中央第三社は雑貨と食品を扱うスーパーを経営している法人です。
① スーパーでは休憩スペースを設けて，店内飲食もできるようにしています。
　　・9月までの売上　　　　　　　　　　　45,000万円（税抜）
　　・10月以降の売上（食品）　　　　　　　10,000万円（税抜）
　　・10月以降の売上（店内飲食と雑貨）　　 5,000万円（税抜）
② 夕方のタイムセールで値引きを行っています。
　　・9月までの値引きの合計　　　　　　　　900万円（税抜）
　　・10月以降の値引きの合計（食品）　　　　200万円（税抜）
　　・10月以降の値引きの合計（店内飲食と雑貨）100万円（税抜）
③ 平成25年に掛売りをした食品について，取引先の倒産により回収不能が確定しました。
　　・平成25年売上分　　　　　　　　　　　　50万円（税抜）
④ スーパーが入っているビルは会社所有で，2階から上は住居用で賃貸しています。
　　・居住用不動産収入　　　　　　　　　　6,000万円（非課税）
⑤ 受取利息が12,000円（非課税）あります。
⑥ 基準期間の売上高は40,000万円（税抜）です。
⑦ 消費税の会計処理は，税抜経理方式で行っています。
⑧ 一般課税の適用を受けています。

Ⅰ. 作成上の注意

1. 軽減税率の対象とならない「食事の提供」

　軽減税率の対象からは，食事の提供が除かれています。「食事の提供」とは，テーブル，椅子などの飲食設備のある場所で飲食させることをいいます。

　本事例では，スーパーの休憩スペースでの飲食があります。飲食設備はその規模や目的を問わないとされていますので，本事例のスーパーのようなベンチのみの簡単な休憩スペースであっても，飲食設備に該当します。

　したがって，休憩スペースでの飲食は軽減税率の対象にはなりません。

　休憩スペースでの飲食かどうかは，販売のときに顧客の意思確認を行う必要がありますが，営業の態様によっては，全ての顧客へ口頭で確認することが困難な場合が考えられます。

　このような場合は，店内やレジ付近に「店内飲食の場合は店員にお申し出ください。」といった貼り紙をするなどの方法によって確認することが考えられます。

　各事業者の営業の実態に応じた方法で意思確認を行うことが認められるということです。

２．個別対応方式と一括比例配分方式

　課税売上高が５億円超又は課税売上割合が95％未満の場合は，その課税期間中の課税仕入れ等に係る消費税額の全額を控除することができません。個別対応方式か一括比例配分方式で計算した金額を，その課税期間中の課税売上に係る消費税額から控除します。

⑴　個別対応方式

　課税仕入れ等を①課税売上にのみ対応するもの（以下「課税対応」といいます），②非課税売上のみに対応するもの（以下「非課税対応」といいます），③課税売上と非課税売上に共通して要するもの（以下「共通対応」といいます），に用途区分して，

　「①に係る消費税額＋③に係る消費税額×課税売上割合」の金額を控除対象仕入税額とする方法です。

⑵　一括比例対応方式

　「課税仕入れ等に係る消費税額×課税売上割合」の金額を控除対象仕入税額とするものです。一括比例配分方式を選択した場合には，２年間以上継続して適用した後でなければ，個別対応方式に変更することはできません。

Ⅱ．申告書の作成

１．作成手順

PART 1　課税売上・課税仕入れを集計します

　手順１から手順３

PART 2　課税売上割合を計算します

　手順４から手順６

PART 3　課税仕入れの集計と控除対象仕入税額の計算をします

　手順７から手順10

PART 4　控除税額と差引税額を計算します

　手順11から手順13

PART 5　地方消費税額を計算します

　手順14から手順16

PART 6　申告書へ転記し納付税額を計算します

　手順17から手順19

２．記載例

PART 1　課税売上・課税仕入れを集計します

手順1　税区分ごとの売上の集計

　課税売上高，売上値引・返品，貸倒れについて，10%，8％（軽減税率），8％（旧税率），5％のそれぞれの合計を集計します。

　また，課税売上割合の計算に必要なので，非課税売上高も集計しておきます。

　本事例の売上高等を税率ごとに整理すると次のようになります。

表1　売上高集計表

項　　目	税抜金額	適用税率	消費税額
①　9月までの売上	45,000万円	8％（旧税率）	3,600万円
②　10月以降の売上（食品）	10,000万円	8％（軽減税率）	800万円
③　10月以降の売上（店内飲食・雑貨）	5,000万円	10%	500万円
④　9月までの値引き	900万円	8％（旧税率）	72万円
⑤　10月以降の値引き（食品）	200万円	8％（軽減税率）	16万円
⑥　10月以降の値引き（店内飲食・雑貨）	100万円	10%	10万円
⑦　平成25年売上の貸倒れ	50万円	5％	2.5万円
⑧　居住用不動産収入	6,000万円	非課税	―
⑨　受取利息	1.2万円	非課税	―

手順2　税区分ごとの仕入・経費の集計

　仕入と経費を税区分ごとに整理した上で，課税対応，非課税対応，共通対応に用途区分して集計します。

　したがって，10%，8％（軽減税率），8％（旧税率）のそれぞれについて，課税対応，非課税対応，共通対応の合計を集計することになります。

　本事例の場合は，集計の結果，次のようになります。

表2　仕入・経費集計表

用途区分	適用税率	税抜金額	消費税額	税込金額
①　課税対応	8％（旧税率）	386,070,000	30,885,600	416,955,600
	8％（軽減税率）	85,000,000	6,800,000	91,800,000
	10%	41,490,000	4,190,000	45,639,000
②　非課税対応	8％（旧税率）	2,790,000	223,200	3,013,200
	8％（軽減税率）			
	10%	930,000	93,000	1,023,000
③　共通対応	8％（旧税率）	2,700,000	216,000	2,916,000
	8％（軽減税率）			
	10%	600,000	60,000	660,000

手順3　課税標準額の記入と消費税額の計算

　表1から，課税売上高（税抜金額）①～③を付表1－2と付表1－1の「①課税標準額」に転記して，「②消費税額」を計算します。

　手順は作成例1と同様です。

Ⅰ 基 本 編

Ⅱ 実 例 編

Ⅱ 1 （個人）寿司屋

Ⅱ 2 賃貸（個人）農業と不動産

Ⅱ 3 （法人）雑貨と食品

Ⅱ 4 （法人）精肉店

Ⅲ 廃業手続編

PART 2　課税売上割合を計算します

手順 4　課税売上高（税抜）の記入

表1①～③の課税売上高から表1④～⑥の値引きを控除して付表2－2と付表2－1の「①課税売上高（税抜き）」に記入します。

① 450,000,000円－9,000,000円＝441,000,000円

② 100,000,000円－2,000,000円＝ 98,000,000円

③ 50,000,000円－1,000,000円＝ 49,000,000円

手順 5　課税売上と非課税売上の集計と課税売上割合の計算

❶ 表1から，非課税売上を付表2－1の「⑥非課税売上高」に転記します。

60,000,000円＋12,000円＝60,012,000円

❷ 作成例1と同様「⑧課税売上割合」を計算します。

❸ 付表2－1の「④課税資産の譲渡等の対価の額（合計Ｆ）」「⑦資産の譲渡等の対価の額」「⑧課税売上割合」の金額を作成例1と同様に，付表2－2に転記します。

手順 6　課税売上割合などを転記します

付表2－1の「④課税資産の譲渡等の対価の額（合計Ｆ）」，「⑦資産の譲渡等の対価の額（合計Ｆ）」の金額をそれぞれ，第一表「課税売上割合」の「⑮課税資産の譲渡等の対価の額」と「⑯資産の譲渡等の対価の額」に転記します。

PART 3　課税仕入れの集計と控除対象仕入税額の計算

手順 7　課税仕入れの集計と課税仕入れ等の税額の計算

付表2－2と付表2－1の「⑨課税仕入れに係る支払対価の額（税込み）」から「⑮課税仕入れ等の税額の合計額」までを作成例1と同様に記入します。

手順 8　個別対応方式での計算

⑰から⑲欄は，個別対応方式で控除対象仕入税額を計算する際に記載します。

❶ 表2「仕入・経費集計表」の①課税対応から適用税率ごとに計算して、付表2－2と付表2－1の「⑰　⑮のうち，課税売上げにのみ要するもの」に記入します。

付表2－2Ｃ　416,955,600円×（6.3÷108）➡24,322,409円

付表2－1Ｄ　91,800,000円×（6.24÷108）➡5,303,999円

付表2－1Ｅ　45,639,000円×（7.8÷110）➡3,236,219円

付表2－1Ｆ　24,322,409円＋5,303,999円＋3,236,219円＝32,862,627円

❷　表2「仕入・経費集計表」の③共通対応から適用税率ごとに計算して、付表2-2と付表2-1の「⑱　⑮のうち，課税売上げと非課税売げに共通してするもの」に記入します。

付表2-2C　2,916,000円×（6.3÷108）➡170,099円

付表2-1D　なし

付表2-1E　660,000円×（7.8÷110）➡46,799円

付表2-1F　170,099円+46,799=216,898円

❸　付表2-2と付表2-1の「⑲個別対応方式により控除する課税仕入れ等の税額」に（「⑰　⑮のうち，課税売上げにのみ要するもの」＋（「⑱　⑮のうち，課税売上げと非課税売上げに共通して要するもの」×「④課税資産の譲渡等の対価の額」÷「⑦資産の譲渡等の対価の額」））を計算して，記入します。

付表2-2C　24,322,409円+170,099円×588,000,000円÷648,012,000➡24,476,755円

付表2-1D　5,303,999円+0円×588,000,000円÷648,012,000➡5,303,999円

付表2-1E　3,236,219円+46,7990円×588,000,000円÷648,012,000➡3,278,683円

付表2-1F　24,476,755円+5,303,999円+3,278,683円=33,059,437円

手順9　一括比例配分方式での計算

⑳欄は，一括比例配分方式で控除対象仕入税額を計算する際に記載します。

付表2-2と付表2-1の「⑳一括比例配分方式により控除する課税仕入れ等の税額」に（「⑮課税仕入れ等の税額の合計額」×「④課税資産の譲渡等の対価の額」÷「⑦資産の譲渡等の対価の額」）を計算して，記入します。

（編集部注）

付表2-2と付表2-1では，「⑲個別対応方式により控除する課税仕入れ等の税額」と，「⑳一括比例配分方式により控除する課税仕入れ等の税額」の欄は同時に記入することができません。

したがって，個別対応方式によるか，一括比例配分方式によるかを別途検討しておき，採用する方式にしたがって，⑲または⑳に記入することになります。

本事例では，個別対応方式を選択していますが，便宜的に，一括比例配分方式の記入例も示します。

①　付表2-2⑳C　24,668,279円×588,000,000円÷648,012,000円=22,383,764円

②　付表2-1⑳D　5,303,999円×588,000,000円÷648,012,000円=　4,812,798円

③　付表2-1⑳E　3,355,559円×588,000,000円÷648,012,000円=　3,044,802円

④　付表2-1⑳F　33,327,837円×588,000,000円÷648,012,000円=30,241,364円

第4－（6）号様式

付表2－2　課税売上割合・控除対象仕入税額等の計算表
〔経過措置対象課税資産の譲渡等を含む課税期間用〕

一 般

課税期間	31・1・1 ～ 1・12・31	氏名又は名称	中央第三社

項　　目			税率3%適用分 A	税率4%適用分 B	税率6.3%適用分 C	旧税率分小計X (A＋B＋C)
課 税 売 上 額 （ 税 抜 き ）	①		手順4①		441,000,000 円	※付表2-1の①X欄へ 441,000,000 円
免 税 売 上 額	②					
非課税資産の輸出等の金額、海外支店等へ移送した資産の価額	③					
課税資産の譲渡等の対価の額（①＋②＋③）	④				手順5③	※付表2-1の④X欄へ、⑦②欄へ 588,000,000
課税資産の譲渡等の対価の額（④の金額）	⑤					
非 課 税 売 上 額	⑥					
資 産 の 譲 渡 等 の 対 価 の 額（⑤＋⑥）	⑦				手順5③	※付表2-1の⑦X欄へ、⑦②欄へ 648,012,000
課 税 売 上 割 合 （④／⑦）	⑧					〔付表2-1の⑧F欄の割合〕 90.7 ％ ※端数切捨て
課税仕入れに係る支払対価の額（税込み）	⑨				422,884,800	※付表2-1の⑨X欄へ 422,884,800
課 税 仕 入 れ に 係 る 消 費 税 額	⑩		(⑨A欄×3/103)	(⑨B欄×4/105)	(⑨C欄×6.3/108) 24,668,279	※付表2-1の⑩X欄へ 24,668,279
特定課税仕入れに係る支払対価の額	⑪		※⑪及び⑫欄は、課税売上割合が95%未満、かつ、特定課税仕入れがある事業者のみ記載する。			※付表2-1の⑪X欄へ
特 定 課 税 仕 入 れ に 係 る 消 費 税 額	⑫				(⑪C欄×6.3/100)	※付表2-1の⑫X欄へ
課 税 貨 物 に 係 る 消 費 税 額	⑬				手順7	※付表2-1の⑬X欄へ
納税義務の免除を受けない(受ける)こととなった場合における消費税額の調整(加算又は減算)額	⑭					※付表2-1の⑭X欄へ
課 税 仕 入 れ 等 の 税 額 の 合 計 額 （⑩＋⑫＋⑬±⑭）	⑮					※付表2-1の⑮X欄へ
課税売上高が5億円以下、かつ、課税売上割合が95%以上の場合 （⑮の金額）	⑯					※付表2-1の⑯X欄へ
課5課95 税億円売未 売円上満 上超割の 高又合場 がはが合	個別対応方式	⑮のうち、課税売上げにのみ要するもの	⑰		24,322,409	※付表2-1の⑰X欄へ 24,322,409
		⑮のうち、課税売上げと非課税売上げに共 通 し て 要 す る も の	⑱	手順8	170,099	※付表2-1の⑱X欄へ 170,099
		個別対応方式により控除する課税仕入れ等の税額　　　　〔⑰＋(⑱×④／⑦)〕	⑲		24,476,755	※付表2-1の⑲X欄へ 24,476,755
	一括比例配分方式により控除する課税仕入れ等の税額 （⑮×④／⑦）		⑳		22,383,764	※付表2-1の⑳X欄へ 22,383,764 手順9
控除の税額調整	課税売上割合変動時の調整対象固定資産に係る消費税額の調整（加算又は減算）額		㉑			※付表2-1の㉑X欄へ
	調整対象固定資産を課税業務用（非課税業務用）に転用した場合の調整（加算又は減算）額		㉒			※付表2-1の㉒X欄へ
差引	控 除 対 象 仕 入 税 額 〔(⑯、⑲又は⑳の金額)±㉑±㉒〕がプラスの時		㉓	※付表1-2の④A欄へ	※付表1-2の④B欄へ ※付表1-2の④C欄へ 24,476,755	※付表2-1の㉓X欄へ 24,476,755
	控 除 過 大 調 整 税 額 〔(⑯、⑲又は⑳の金額)±㉑±㉒〕がマイナスの時		㉔	※付表1-2の③A欄へ	※付表1-2の③B欄へ ※付表1-2の③C欄へ 手順10	※付表2-1の㉔X欄へ
貸 倒 回 収 に 係 る 消 費 税 額	㉕		※付表1-2の③A欄へ	※付表1-2の③B欄へ ※付表1-2の③C欄へ 付表1－2④	※付表2-1の㉕X欄へ

注意　1　金額の計算においては、1円未満の端数を切り捨てる。
　　　2　旧税率が適用された取引がある場合は、当該付表を作成してから付表2-1を作成する。
　　　3　④、⑦及び⑧のX欄は、付表2-1のF欄を計算した後に記載する。
　　　4　⑨及び⑪欄には、値引き、割戻し、割引きなど仕入対価の返還等の金額がある場合(仕入対価の返還等の金額を仕入金額から直接減額している場合を除く。)には、その金額を控除した後の金額を記載する。

第4－（2）号様式

付表2－1　課税売上割合・控除対象仕入税額等の計算表

一般

	課税期間	31・1・1 ～　1・12・31	氏名又は名称	中央第三社	

項　目		旧税率分小計 X （付表2-2の①X欄の金額）円	税率6.24%適用分 D 円	税率7.8%適用分 E 円	合　計　F （X＋D＋E） 円
課　税　売　上　額（税抜き）	①	441,000,000	98,000,000	49,000,000	588,000,000
免　税　売　上　額	②		手順4②	手順4③	
非課税資産の輸出等の金額、海外支店等へ移送した資産の価額	③				
課税資産の譲渡等の対価の額（①＋②＋③）	④				※第一表の①欄へ ※付表2-2の④X欄へ 588,000,000
課税資産の譲渡等の対価の額（④の金額）	⑤		手順6 第一表		588,000,000
非　課　税　売　上　額	⑥			手順5①	60,012,000
資産の譲渡等の対価の額（⑤＋⑥）	⑦				※第一表の⑦欄へ ※付表2-2の⑦X欄へ 648,012,000
課　税　売　上　割　合（④／⑦）	⑧				※付表2-2の⑧X欄へ [　90.7 %]※端数切捨 手順5②
課税仕入れに係る支払対価の額（税込み）	⑨	（付表2-2の⑨X欄の金額） 422,884,800	91,800,000	47,322,000	562,006,800
課税仕入れに係る消費税額	⑩	（付表2-2の⑩X欄の金額） 24,668,279	（⑨D欄×6.24/108） 5,303,999	（⑨E欄×7.8/110） 3,355,559	33,327,837
特定課税仕入れに係る支払対価の額	⑪	（付表2-2の⑪X欄の金額）	※⑪D及び⑪E欄は、課税売上割合が95%未満、かつ、特定課税仕入れがある事業者のみ記載する。	（⑪E欄×7.8/100）	
特定課税仕入れに係る消費税額	⑫	（付表2-2の⑫X欄の金額）			
課税貨物に係る消費税額	⑬	（付表2-2の⑬X欄の金額）		手順7	
納税義務の免除を受けない(受ける)こととなった場合における消費税額の調整(加算又は減算)額	⑭	（付表2-2の⑭X欄の金額）			
課税仕入れ等の税額の合計額（⑩＋⑫＋⑬±⑭）	⑮	（付表2-2の⑮X欄の金額） 24,668,279	5,303,999	3,355,559	33,327,837
課税売上高が5億円以下、かつ、課税売上割合が95%以上の場合（⑮の金額）	⑯	（付表2-2の⑯X欄の金額）			
課5課95 税億税% 売円売未 上超上満 高又割の がはが合 個別対応方式	⑮のうち、課税売上げにのみ要するもの	⑰	（付表2-2の⑰X欄の金額） 24,322,409	5,303,999	3,236,219	32,862,627
	⑮のうち、課税売上げと非課税売上げに共通して要するもの	⑱	（付表2-2の⑱X欄の金額） 170,099		46,799	216,898
	個別対応方式により控除する課税仕入れ等の税額〔⑰＋（⑱×④／⑦）〕	⑲	（付表2-2の⑲X欄の金額） 24,476,755	5,303,999	3,278,683	33,059,437
手順8 一括比例配分方式により控除する課税仕入れ等の税額（⑮×④／⑦）	⑳	（付表2-2の⑳X欄の金額） 22,383,764	4,812,798	3,044,802	30,241,364 手順9
控除の税額調整	課税売上割合変動時の調整対象固定資産に係る消費税額の調整（加算又は減算）額	㉑	（付表2-2の㉑X欄の金額）			
	調整対象固定資産を課税業務用（非課税業務用）に転用した場合の調整（加算又は減算）額	㉒	（付表2-2の㉒X欄の金額）			
差引	控除対象仕入税額〔（⑯、⑲又は⑳の金額）±㉑±㉒〕がプラスの時	㉓	（付表2-2の㉓X欄の金額） 24,476,755	※付表1-1の④D欄へ 5,303,999	※付表1-1の④E欄へ 3,278,683	33,059,437
	控除過大調整税額〔（⑯、⑲又は⑳の金額）±㉑±㉒〕がマイナスの時	㉔	（付表2-2の㉔X欄の金額）	※付表1-1の③D欄へ	※付表1-1の③E欄へ	
貸倒回収に係る消費税額	㉕	（付表2-2の㉕X欄の金額）	※付表1-1の③D欄へ	手順10 ※付表1-1の③E欄へ	

付表1－1④

注意　1　金額の計算においては、1円未満の端数を切り捨てる。
　　　2　旧税率が適用された取引がある場合は、付表2-2を作成してから当該付表を作成する。
　　　3　⑨及び⑪欄には、値引き、割戻し、割引きなど仕入対価の返還等の金額がある場合（仕入対価の返還等の金額を仕入金額から直接減額している場合）には、その金額を控除した後の金額を記載する。

I 基本編　II 実例編　II-1（個人）寿司屋　II-2（個人）賃貸・農業と不動産　II-3（法人）雑貨と食品　II-4（法人）精肉店　III 廃業手続編

手順10　付表2の結果を付表1へ転記します

　付表2－2と付表2－1で計算した「㉓　控除対象仕入税額」を付表1－2と付表1－1の「④控除税額　控除対象仕入税額」に転記します。

PART 4　控除税額と差引税額を計算します

手順11　返還等対価に係る税額を計算します

　表1④～⑥の対価の返還等の消費税額に，税区分ごとの割合を乗じて，付表1－2と付表1－1の「⑤控除税額　返還等対価に係る税額」に記入します。

　　付表1－2⑤C　9,720,000円×（6.3÷108）➡566,999円

　　付表1－1⑤D　2,160,000円×（6.24÷108）➡124,799円

　　付表1－1⑤E　　110,000円×（7.8÷110）➡77,999円

表1　売上高集計表（再掲）

項　目	税抜金額	適用税率	消費税額
①　9月までの売上	45,000万円	8％（旧税率）	3600万円
②　10月以降の売上（食品）	10,000万円	8％（軽減税率）	800万円
③　10月以降の売上（店内飲食・雑貨）	5,000万円	10％	500万円
④　9月までの値引き	900万円	8％（旧税率）	72万円
⑤　10月以降の値引き（食品）	200万円	8％（軽減税率）	16万円
⑥　10月以降の値引き（店内飲食・雑貨）	100万円	10％	10万円
⑦　平成25年売上の貸倒れ	50万円	5％	2.5万円
⑧　居住用不動産収入	6,000万円	非課税	－
⑨　受取利息	1.2万円	非課税	－

手順12　貸倒れに係る税額を計算します

　表1⑦貸倒れの消費税額に税区分ごとの割合を乗じて，付表1－2と付表1－1の「⑥控除税額　貸倒れに係る税額」に記入します。

　　525,000円×（4.0÷105）➡19,999円

手順13　差引税額を計算します

　付表1－2と付表1－1の「⑨差引税額」を計算します。

❶　「④控除税額　控除対象仕入税額」＋「⑤控除税額　返還等対価に係る税額」＋「⑥控除税額　貸倒れに係る税額」を計算して「⑦控除税額　控除税額小計」に記入します。

❷　「②消費税額」＋「③控除過大調整税額」＜「⑦控除税額　控除税額小計」のときは，「⑦控除税額　控除税額小計」－「②消費税額」－「③控除過大調整税額」を「⑧控除不足還付税額」に記入します。

❸　「②消費税額」＋「③控除過大調整税額」≧「⑦控除税額　控除税額小計」のときは，「②消費税額」＋「③控除過大調整税額」－「⑦控除税額　控除税額小計」を「⑨差引税額」に記入します。

PART 5　地方消費税額を計算します

手順14　地方消費税の課税標準となる消費税額を記入します

❶　付表１－２の「⑧控除不足還付税額」を「⑪地方消費税の課税標準となる消費税額　控除不足還付税額」に転記します。

❷　付表１－２の「⑨差引税額」を「⑫地方消費税の課税標準となる消費税額　差引税額」に転記します。

❸　付表１－１の「⑨差引税額　6.24％適用分D」＋「⑨差引税額　7.8％適用分E」を計算して「⑫地方消費税の課税標準となる消費税額　差引税額　7.8％適用分E」に記入します。

手順15　合計差引地方消費税の課税標準となる消費税額を計算します

「⑫地方消費税の課税標準となる消費税額　差引税額」－「⑪地方消費税の課税標準となる消費税額　控除不足還付税額」を計算して，「⑬合計差引地方消費税の課税標準となる消費税額」に記入します。

控除不足還付税額がある場合には，計算結果がマイナスになることがありますが，そのまま記入します。

手順16　付表１の地方消費税額を計算します

付表１－２と付表１－１の「⑮譲渡割額　納税額」を計算します。

❶　まず，税区分ごとに「⑭譲渡割額　還付額」を計算します。本事例では適用があるのは，税率４％適用分だけで，「⑪地方消費税の課税標準となる消費税額　控除不足還付税額」×25/100で計算します。

❷　次に，税区分ごとに「⑮譲渡割額　納税額」を計算します。
税率6.3％適用分　「⑫地方消費税の課税標準となる消費税額　差引税額」×17/63
税率7.8％適用分　「⑫地方消費税の課税標準となる消費税額　差引税額」×22/78

第4－（5）号様式

付表1－2 税率別消費税額計算表 兼 地方消費税の課税標準となる消費税額計算表 〔経過措置対象課税資産の譲渡等を含む課税期間用〕 一般

| 課税期間 | 31・1・1 ～ 1・12・31 | 氏名又は名称 | 中央第三社 |

区　　　分		税率3％適用分 A	税率4％適用分 B	税率6.3％適用分 C	旧税率分小計 X （A＋B＋C）
課 税 標 準 額	①	円 000	円 000	円 ※第二表の②欄へ 450,000,000	※付表1-1の①X欄へ 円 450,000,000
①の内訳 課税資産の譲渡等の対価の額	①-1	※第二表の②欄へ	※第二表の③欄へ 手順3	※第二表の④欄へ 450,000,000	※付表1-1の①-1X欄へ 450,000,000
特定課税仕入れに係る支払対価の額	①-2	※①-2欄は、課税売上割合が95％未満、かつ、特定課税仕入れがある事業者のみ記載する。		※第二表の⑧欄へ	※付表1-1の①-2X欄へ
消 費 税 額	②	※第二表の⑫欄へ	※第二表の⑬欄へ	※第二表の⑭欄へ 28,350,000	※付表1-1の②X欄へ 28,350,000
控除過大調整税額	③	(付表2-2の㉔・㉕A欄の合計金額)	(付表2-2の㉔・㉕B欄の合計金額)	(付表2-2の㉔・㉕C欄の合計金額)	※付表1-1の③X欄へ
控除税額 控除対象仕入税額	④	(付表2-2の㉓A欄の金額)	(付表2-2の㉓B欄の金額) 手順10	(付表2-2の㉓C欄の金額) 24,476,755	※付表1-1の④X欄へ 24,476,755
返還等対価に係る税額	⑤		手順11	566,999	※付表1-1の⑤X欄へ 566,999
⑤の内訳 売上げの返還等対価に係る税額	⑤-1			566,999	※付表1-1の⑤-1X欄へ 566,999
特定課税仕入れの返還等対価に係る税額	⑤-2	※⑤-2欄は、課税売上割合が95％未満、かつ、特定課税仕入れがある事業者のみ記載する。			※付表1-1の⑤-2X欄へ
貸倒れに係る税額	⑥	手順12	19,999		※付表1-1の⑥X欄へ 19,999
控除税額小計 （④＋⑤＋⑥）	⑦	手順13①	19,999	25,043,754	※付表1-1の⑦X欄へ 25,063,753
控除不足還付税額 （⑦－②－③）	⑧	手順13②	※⑪B欄へ 19,999	※⑪C欄へ	※付表1-1の⑧X欄へ 19,999
差 引 税 額 （②＋③－⑦）	⑨	手順13③	※⑫B欄へ	※⑫C欄へ 3,306,246	※付表1-1の⑨X欄へ 3,306,246
合計差引税額 （⑨－⑧）	⑩		手順14①		
地方消費税の課税標準となる消費税額 控除不足還付税額	⑪		(⑧B欄の金額) 19,999	(⑧C 手順14②	※付表1-1の⑪X欄へ 19,999
差 引 税 額	⑫		(⑨B欄の金額)	(⑨C欄の金額) 3,306,246	※付表1-1の⑫X欄へ 3,306,246
合計差引地方消費税の課税標準となる消費税額 （⑫－⑪）	⑬	手順15	※第二表の㉑欄へ △19,999	※第二表の㉒欄へ 3,306,246	※付表1-1の⑬X欄へ 3,286,247
譲渡割額 還 付 額	⑭	手順16①	(⑪B欄×25/100) 4,999	(⑪C欄×17/63)	※付表1-1の⑭X欄へ 4,999
納 税 額	⑮		(⑫B欄×25/100) 手順16②	(⑫C欄×17/63) 892,161	※付表1-1の⑮X欄へ 892,161
合計差引譲渡割額 （⑮－⑭）	⑯				

注意 1 金額の計算においては、1円未満の端数を切り捨てる。
　　 2 旧税率が適用された取引がある場合は、当該付表を作成してから付表1-1を作成する。

第4-(1)号様式

付表1-1　税率別消費税額計算表　兼　地方消費税の課税標準となる消費税額計算表　　一般

| 課税期間 | 31・1・1 ～ 1・12・31 | 氏名又は名称 | 中央第三社 |

区　　　　分		旧税率分小計 X	税率6.24%適用分 D	税率7.8%適用分 E	合　計　F (X＋D＋E)
課　税　標　準　額	①	(付表1-2の①X欄の金額) 円 450,000,000	円 100,000,000	円 50,000,000	※第二表の①欄へ 円 600,000,000
①の内訳 課税資産の譲渡等の対価の額	①-1	(付表1-2の①-1X欄の金額) 手順3 ,000,000	※第二表の⑤欄へ 100,000,000	※第二表の⑥欄へ 50,000,000	※第二表の⑦欄へ 600,000,000
特定課税仕入れに係る支払対価の額	①-2	(付表1-2の①-2X欄の金額)	※①-2欄は、課税売上割合が95%未満、かつ、特定課税仕入れがある事業者のみ記載する。 ※第二表の⑨欄へ		※第二表の⑩欄へ
消　費　税　額	②	(付表1-2の②X欄の金額) 28,350,000	※第二表の⑮欄へ 6,240,000	※第二表の⑯欄へ 3,900,000	※第二表の⑪欄へ 38,490,000
控除過大調整税額	③	(付表1-2の③X欄の金額)	(付表2-1の㉔・㉕D欄の合計金額)	(付表2-1の㉔・㉕E欄の合計金額)	※第一表の③欄へ
控除税額 控除対象仕入税額	④	(付表1-2の④X欄の金額) 手順10 5	(付表2-1の㉓D欄の金額) 5,303,999	(付表2-1の㉓E欄の金額) 3,278,683	※第一表の④欄へ 33,059,437
返還等対価に係る税額	⑤	(付表1-2の⑤X欄の金額) 手順11	124,799	77,999	※第二表の⑰欄へ 769,797
⑤の内訳 売上げの返還等対価に係る税額	⑤-1	(付表1-2の⑤-1X欄の金額) 566,999	124,799	77,999	※第二表の⑱欄へ 769,797
特定課税仕入れの返還等対価に係る税額	⑤-2	(付表1-2の⑤-2X欄の金額)	※⑤-2欄は、課税売上割合が95%未満、かつ、特定課税仕入れがある事業者のみ記載する。		※第二表の⑲欄へ
貸倒れに係る税額	⑥	(付表1-2の⑥X欄の金額) 19,999			※第一表の⑥欄へ 19,999
控除税額小計 (④＋⑤＋⑥)	⑦	(付表1-2の⑦X欄の金額) 手順13① 3	5,428,798	3,356,682	※第一表の⑦欄へ 33,849,233
控除不足還付税額 (⑦-②-③)	⑧	(付表1-2の⑧X欄の金額) 19,999	※⑪E欄へ	※⑪E欄へ	19,999
差　引　税　額 (②＋③-⑦)	⑨	(付表1-2の⑨X欄の金額) 手順13③	※⑫E欄へ 811,202	※⑫E欄へ 543,318	4,660,766
合計差引税額 (⑨-⑧)	⑩				※マイナスの場合は第一表の⑧欄へ ※プラスの場合は第一表の⑨欄へ 4,640,767
地方消費税の課税標準となる消費税額 控除不足還付税額	⑪	(付表1-2の⑪X欄の金額) 19,999	手順14③ 欄の合計金額)		19,999
差　引　税　額	⑫	(付表1-2の⑫X欄の金額) 3,306,246	(⑨D欄と⑨E欄の合計金額) 1,354,520		4,660,766
合計差引地方消費税の課税標準となる消費税額 (⑫-⑪)	⑬	(付表1-2の⑬X欄の金額) 3,286,247	手順15 ※第二表の㉒欄へ 1,354,520		※マイナスの場合は第一表の⑰欄へ ※プラスの場合は第一表の⑱欄へ ※第二表の㉑欄へ 4,640,767
譲渡割額 還　付　額	⑭	(付表1-2の⑭X欄の金額) 4,999	(⑪E欄×22/78)		4,999
納　税　額	⑮	(付表1-2の⑮X欄の金額) 892,161	手順16② (⑫E欄×22/78) 382,044		1,274,205
合計差引譲渡割額 (⑮-⑭)	⑯				※マイナスの場合は第一表の⑲欄へ ※プラスの場合は第一表の⑳欄へ 1,269,206

注意　1　金額の計算においては、1円未満の端数を切り捨てる。
　　　2　旧税率が適用された取引がある場合は、付表1-2を作成してから当該付表を作成する。

I 基本編　II 実例編　II 1(個人)寿司屋　II 2 賃貸(個人)農業と不動産　II 3(法人)雑貨と食品　II 4(法人)精肉店　III 廃業手続編

PART 6　申告書へ転記し納付税額を計算します

手順17　付表1から第二表へ転記します

転記元		転記先	
付表1－2 税率4%，6.3% 適用分	①-1課税資産の譲渡等の対価の額	第二表	④課税資産の譲渡等の対価の額の合計額　6.3%適用分
	②消費税額		⑭消費税額の内訳　6.3%適用分
	⑬合計差引地方消費税の課税標準となる消費税額		㉒地方消費税の課税標準となる消費税額　6.3%適用分
付表1－1 税率6.24%，7.8% 適用分	①課税標準額		①課税標準額
	①-1課税資産の譲渡等の対価の額		⑤⑥⑦課税資産の譲渡等の対価の額の合計額
	②消費税額		⑪⑮⑯消費税額
	⑤返還等対価に係る税額		⑰返還等対価に係る税額
	⑤-1返還等対価に係る税額		⑱返還等対価に係る税額
	⑬合計差引地方消費税の課税標準となる消費税額		㉓地方消費税の課税標準となる消費税額

手順18　第一表を作成します

転記元		転記先	
第二表	①課税標準額	第一表	①課税標準額
	⑪消費税額		②消費税額
	⑰返還等対価に係る税額		⑤控除税額　返還等対価に係る税額
付表1-1 税率6.24%，7.8% 適用分	④控除税額　控除対象仕入税額		④控除税額　控除対象仕入税額
	⑥控除税額　貸倒れに係る税額		⑥控除税額　貸倒れに係る税額
	⑦控除税額　控除税額小計		⑦控除税額　控除税額小計
	⑩合計差引税額		⑨差引税額
	⑬合計差引地方消費税の課税標準となる消費税額		⑱地方消費税の課税標準となる消費税額　差引税額
	⑯合計差引譲渡割額		⑳譲渡割額　納税額

手順19　納付税額を計算します

❶　中間納付税額があるときは国税部分を「⑩中間納付税額」に，地方消費税部分を「㉑中間納付譲渡割額」に記入します。

❷　「⑨差引税額」−「⑩中間納付税額」を計算して，プラスのときは「⑪納付税額」に，マイナスのときは「⑫中間納付還付税額」に記入します。

❸　「⑳譲渡割額　納税額」−「㉑中間納付譲渡割額」を計算して，プラスのときは「㉒納付譲渡割額」に，マイナスのときは「㉓　中間納付還付譲渡割額」に記入します。

手順17

GK0601

第3-(2)号様式

課税標準額等の内訳書

整理番号 ☐☐☐☐☐☐☐☐☐　**法人用**

納　税　地	千代田区神田神保町1-31-2
	（電話番号　　　-　　　-　　　）
（フリガナ）	チュウオウダイサンシャ
法　人　名	中央第三社
（フリガナ）	チュウオウサブロウ
代表者氏名	中央　三郎

（控）

改正法附則による税額の特例計算		
軽減売上割合（１０営業日）	◯	附則38① 51
小売等軽減仕入割合	◯	附則38② 52
小売等軽減売上割合	◯	附則39① 53

第二表

自 平成/令和 31 年 1 月 1 日　課税期間分の消費税及び地方
至 令和 1 年 12 月 31 日　消費税の（　確　定　）申告書

中間申告 自 平成/令和 ☐☐年☐☐月☐☐日
の場合の
対象期間 至 令和 ☐☐年☐☐月☐☐日

令和元年十月一日以後終了課税期間分

課　　税　　標　　準　　　※申告書（第一表）の①欄へ		付表1-1①F 6 0 0 0 0 0 0 0 0 0	01

	3　％適用分	②		02
課税資産の	4　％適用分	③		03
譲　渡　等　の	6.3　％適用分	付表1-2①-1C 4 5 0 0 0 0 0 0 0	04
対　価　の　額	6.24％適用分	⑤ 1 0 0 0 0 0 0 0 0	05
の　合　計　額	7.8 付表1-1①-1DEF 5 0 0 0 0 0 0 0 0	⑥	06
		⑦ 6 0 0 0 0 0 0 0 0	07

特定課税仕入れ	6.3　％適用分	⑧		11
に係る支払対価	7.8　％適用分	⑨		12
の額の合計額　（注1）		⑩		13

消　　　　費　　　　税　　　※申告書（第一表）の②欄へ		付表1-1②F 3 8 4 9 0 0 0 0	21

	3　％適用分	⑫		22
	4　％適用分	付表1-2②C		23
⑪　の　内　訳	6.3　％適用分	⑭ 2 8 3 5 0 0 0 0	24
	6.24％適用分	付表1-1②DE 6 2 4 0 0 0 0	25
	7.8　％適用分	3 9 0 0 0 0 0	26

返　還　等　対　価　に　係　る　税　　　※申告書（第一表）の⑤欄へ	付表1-1⑤F 7 6 9 7 9 7	31

⑰の内訳	売上げの返還等対価に係	付表1-1⑤-1F 7 6 9 7 9 7	32
	特定課税仕入れの返還等対価に係る税額　（注1）	⑲	33

地方消費税の		付表1-1⑬F 4 6 4 0 7 6 7	41
課税標準となる	4　％適用分	付表1-2⑬BC - 1 9 9 9 9	42
消　費　税　額	6.3　％適用分	3 3 0 6 2 4 6	43
（注2）	6.24％及び7.8％適用分	付表1-1⑬E 1 3 5 4 5 2 0	44

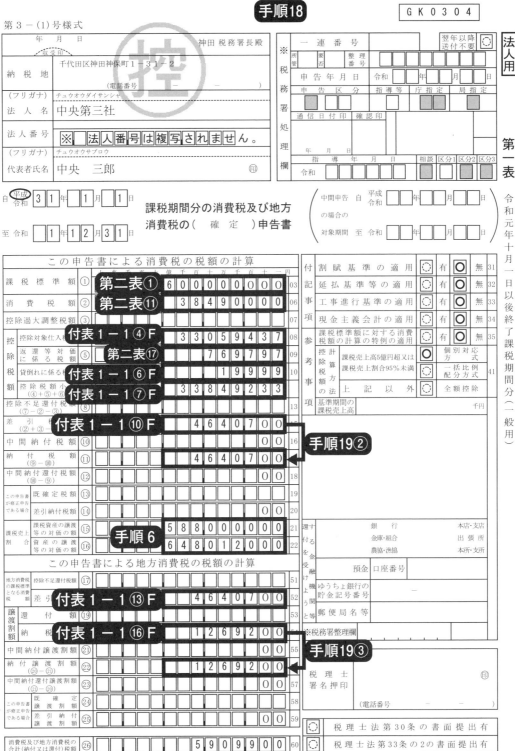

I 基本編
II 実例編
II 1（個人）寿司屋
II 2 賃貸（個人）農業と不動産
II 3（法人）雑貨と食品
II 4（法人）精肉店
III 廃業手続編

Ⅱ 実例編　作成例4

精肉店を経営する12月決算法人

中央第四社は精肉店を経営している12月決算の法人です。

① 精肉店では事業者に対する卸売，消費者に対する店頭小売をしており，コロッケも製造販売しています。

② レジを令和元年8月頃発注しましたが，12月末でも納品されておらず，やむをえず古いレジをそのまま使用しています。したがって，店頭の売上は税率ごとの区分経理ができていません。

　売上の明細は次のとおりです（金額は税込）。
- ・9月まで（区分せず）　　　　　　　　　　　　　3,240万円
- ・10月以降　　卸売　精肉　　　　　　　　　　　540万円

　　　　　　　卸売　生きたまま購入販売する鶏　　77万円

　　　　　　　小売　精肉・雑貨・コロッケの売上混在で　1,000万円

③ 税率ごとの区分ができていない売上については，「軽減売上割合（10営業日）」の特例を適用することにします。11月1日から11月10日の10営業日における，店頭での精肉・雑貨・コロッケの売上高は100万円で，このうち軽減税率の対象となる売上が90万円でした。

④ 基準期間の課税売上は3,200万円（税抜）です。

⑤ 消費税の会計処理は，税込経理方式で行っています。

⑥ 一般課税の適用を受けています。

【本事例のみで使用される新たな様式】

第5-(1)号様式　課税資産の譲渡等の対価の額の計算表〔軽減売上割合（10営業日）を使用する課税期間用〕

第5-(2)号様式　課税資産の譲渡等の対価の額の計算表〔小売等軽減仕入割合を使用する課税期間用〕

第5-(3)号様式　課税仕入れ等の税額の計算表〔小売等軽減売上割合を使用する課税期間用〕

編注：上記様式は，「はじめに」で掲げました国税庁ホームページのアドレスに収録されています（http://www.nta.go.jp/taxes/tetsuzuki/shinsei/shinkoku/shohi/06.htm：令和2年1月15日確認）。

Ⅰ．作成上の注意

1．売上の特例の適用制限

　売上を税率ごとに区分できない事業者に対しては特例が設けられており，使用できる割合は3種類が規定されています。3種類とは，仕入れに占める割合（小売等軽減仕入割合），10営業日の割合（軽減売上割合），50％です。

　しかし，これらの割合については，事業によっては適用できない割合があったり，組み合わせて適用することができなかったりします。ここでは，売上の特例と適用制限について説明します。

⑴　事業ごとの適用・全体に適用は可能

　複数の事業を営んでいる事業者が，課税売上を事業ごとに区分している場合には，区分した事業ごとに特例を適用することができるという前提があります。逆に，いくつかの事業を営んでいる場合でも，区分しないで全体に1つの特例を適用することも可能です。

⑵　小売等軽減仕入割合について

　小売等軽減仕入割合には，次の制限があります。

---

① 　小売等軽減仕入割合の特例は，卸売業・小売業しか適用できない。
② 　10営業日の割合との併用もできない。
③ 　簡易課税を適用している事業者は使用できない。

　小売等軽減仕入割合は，①卸売業・小売業しか適用できず，なおかつ，小売業・卸売業に小売等軽減仕入割合を適用した場合には，それ以外の事業に②10営業日の割合を併用することもできないわけですから，結果として，小売等軽減仕入割合を適用した場合には，他の事業には特例を適用することはできないということになります。

⑶　10営業日の割合（軽減売上割合）は自由度が高い

　これに対して10営業日の割合は，自由度が高く，適用については次のような特徴があります。

---

① 　適用できる事業に制限はない。
② 　事業ごとに集計した割合を適用することができる。
③ 　事業ごとに別々の10営業日を採用することもできる。

Ⅰ
基
本
編

Ⅱ
実
例
編

Ⅱ
1
寿
司
屋
（
個
人
）

Ⅱ
2
賃
貸
（
個
人
）
農
業
と
不
動
産

Ⅱ
3
（
法
人
）
雑
貨
と
食
品

Ⅱ
4
精
肉
店
（
法
人
）

Ⅲ
廃
業
手
続
編

　②と③に補足します。複数の事業を営む事業者の場合，同じ10営業日を選択した上で，事業ごとに集計した割合を適用することができるというのが②です。その上，事業ごとに別々の10営業日を採用して集計すること，例えば，小売業は10月 1 日から10月10日，卸売業は12月 1 日から12月10日を採用することも可能というのが③です。

2 ．本事例の場合

　本事例では，卸売業・小売業・製造業を営んでいますが，この事業者に適用できる売上の特例を整理すると次のようになります。

　なお，50％の特例は，小売等軽減仕入割合または10営業日の割合の代わりに適用します。

	特例の適用		
卸売業 小売業	特例適用せず	小売等軽減仕入割合 （または50％）	10営業日の割合 (注) （または50％）
製造業	10営業日の割合 （または50％）	特例適用不可	10営業日の割合 (注) （または50％）

（注）　製造業で使用する10営業日は，卸売業・小売業で使用する10営業日と同じ10日で金額を別に集計することもできますし，別の10営業日で集計することもできます。

3 ．売上の特例と仕入れの特例の適用制限

　売上の特例と，仕入れの特例あるいは簡易課税との併用については，次のように制限がありますので注意して下さい。

①　売上側で仕入割合を適用すると，仕入側は売上割合の適用ができない。
②　簡易課税を適用している場合は，売上側で仕入割合の適用ができない。
③　売上側で10営業日の割合を適用し，仕入側で売上割合を適用する場合には，仕入側で使用する率は10営業日の割合に合わせなくてはならない。

Ⅱ．申告書の作成

1 ．売上の特例は作成手順のうちどこで使用するか

　売上に特例が設けられているといっても，消費税の申告書を作成する流れの中で，いつ使用するのでしょうか。

　それを説明するために，まず，消費税申告書の作成の流れを確認します。

(1)　消費税申告書作成の基本的な流れ

①　売上高の集計

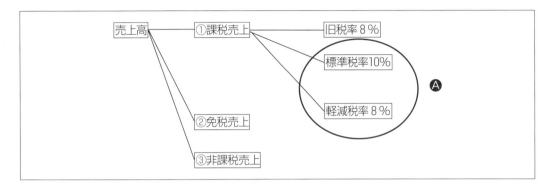

　売上高を「①課税売上」「②免税売上」「③非課税売上」に分けた上で，「課税売上」を旧税率８％，標準税率10%，軽減税率８％に区分して集計します。

②　課税売上割合の計算

$$\frac{課税売上の合計額（①＋②）}{売上全体の合計額（①＋②＋③）}$$ で，課税売上割合を計算します。

　課税売上割合によって，仕入税額控除の方法が異なります。

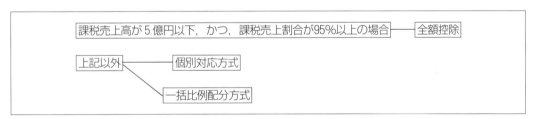

③　仕入高の集計

　課税仕入れを，旧税率８％，標準税率10%，軽減税率８％の税率別に区分して集計します。個別対応方式を適用する際は，さらに，課税対応，共通対応，非課税対応に用途区分します。

④　消費税額の計算

　①で集計した課税売上に対する消費税額から，③で集計した課税仕入れに係る消費税額を差し引いて，差引消費税額を計算するのが，消費税の計算の最も基本的な流れです。

Ｉ 基 本 編

Ⅱ 実 例 編

Ⅱ 1 寿司屋（個人）

Ⅱ 2 農業と不動産（個人）

Ⅱ 3 雑貨と食品（法人）

Ⅱ 4 精肉店（法人）

Ⅲ 廃業手続編

(2)　売上特例を使う場面

　上述の消費税の流れのうち，売上の特例を適用する場面は，(1)①図中の❹と示したところ，すなわち，課税売上の集計の際，軽減税率と標準税率が適用されるものを区分する場面です。売上に関する特例は3種類ありますが，特例を適用する場面はすべて同じです。

　本書では以下のように説明することにします。

　①　仕入割合　　　　（小売等軽減仕入割合）　〔参考1　☞97頁〕
　②　10営業日の割合（軽減売上割合）　　　　〔本事例〕
　③　50%　　　　　　　　　　　　　　　　　〔参考2　☞106頁〕

(3)　転　　記

　特例を使用した計算結果とは，課税売上を税率ごとに区分したものです。特例計算の終了後は，付表1－1の①-1，または付表4－1の①-1に結果を転記し，それ以降の手順は，通常通りに行うことになります。

2．10営業日の割合を使用する場合の作成手順

　1．税区分・事業の区分ごとに売上を集計します

　　　会計ソフトに事業の区分ごとの集計ができる機能があれば，それを使うと比較的簡単に集計ができます。手書きやEXCELでも構いませんが，期末にまとめて集計をするのは大変ですので，日々，日計表などで集計をしておきましょう。

【第5－(1)号様式の説明】

　2．課税期間と適用対象期間を記入します

　3．税率ごとの区分ができていない課税売上を記入します

　4．いつの10営業日を集計したか，記入します

　5．10営業日に行った課税売上の合計額を記入します

　6．10営業日に行った軽減対象の課税売上高を記入します

　7．10営業日の軽減売上割合を計算します

　8．軽減対象の課税売上高を計算します

　9．標準税率の対象となる売上高を計算します

　10．税率ごとの区分ができている課税売上高を記入します

　11．全事業における課税売上高を計算します

【付表1－1，2－1に転記】

　12．税率ごとの課税売上高を転記します

【第二表に転記】

　13．右上の税額の特例計算欄に○をつけます

<以降の手順については作成例3と同じなので説明は省略します>

14. 付表1の税率別消費税額を計算します

15. 付表1の地方消費税の課税標準となる消費税額を記入します

16. 付表1の合計差引地方消費税の課税標準となる消費税額を計算します

17. 付表1の地方消費税額を計算します

18. 付表1から第二表へ転記します

19. 第一表を作成します

20. 納付税額を計算します

3．記載例

手順1　課税売上を税区分・事業の区分ごとに集計します

　旧税率が適用される令和1年9月30日までと，税率引上げ後の令和1年10月1日以後について，税率ごと，事業ごとに区分した表を作成します。

　本事例では，小売と製造の売上の一部に，税率ごとの区分ができていない売上がありますので，やむを得ずまとめておきます。

　10営業日の特例を適用しますので，10営業日の間だけ，軽減税率の対象売上と標準税率の売上高を集計しておきます。

表1　売上の集計表（税込）

	9月まで	10月以降	
	旧税率8％	軽減8％	10%
卸売	3,240万円	精肉卸　540万円	生きたまま転売する鶏 77万円
小売		精肉小売　　　　　　雑貨小売 区分できていない 1,000万円	
製造		コロッケ製造販売	

表2　10営業日だけ集計した税率ごとの売上高（税込）

①	集計した期間	令和1年11月1日～11月10日
②	①の期間中の課税売上の合計額	1,000,000円
③	②のうち軽減税率の対象売上	900,000円

手順2 から **手順11** までは，第5 -(1)号様式の作成の仕方を説明します。

手順2 課税期間と適用対象期間の記入

まず，「課税期間」に当該事業年度を記入します。「適用対象期間」には，特例の適用対象期間である令和1年10月1日から令和5年9月30日までのうち，当該事業年度の期間を記入します。本事例では令和1年10月1日から12月31日になります。

手順3 から **手順9** では，税率ごとの区分ができていない売上高を，10営業日の割合を用いて按分します。

手順3 税率ごとの区分ができていない課税売上の記入

「①課税資産の譲渡等の税込価額の合計額」には，税率ごとの区分ができていない売上高を税込で記載します。

手順4 10営業日がいつかを記入

特例を適用するために，10営業日だけ税率ごとの区分をして集計した期間を，「②通常の事業を行う連続する10営業日」に転記します。

なお，複数の事業を営んでいる事業者の場合，事業ごとに10営業日の割合を計算することができますので，様式では3列まで事業を記載することができるようになっています。

手順5 10営業日に行った課税売上の合計額を記入

税率ごとの区分をして集計した10営業日における，課税売上の合計額を，「③ ②の期間中に行った課税資産の譲渡等の税込価額の合計額」に税込みで記載します。

手順6 10営業日に行った軽減対象の課税売上高を記入

税率ごとの区分をして集計した10営業日における，軽減対象の課税売上を，「④ ③のうち，軽減対象資産の譲渡等（税率6.24%適用分）に係る部分の金額」に税込で記載します。

手順7 10営業日の割合の計算

10営業日の軽減対象の売上高を，10営業日の売上高全体の金額で割ることによって，10営業日の割合を求めます。なお，10営業日の割合の正式名称は，「軽減売上割合」です。

「④ ③のうち，軽減対象資産の譲渡等（税率6.24%適用分）に係る部分の金額」÷「③ ②の期間中に行った課税資産の譲渡等の税込価額の合計額」を計算して「⑤軽減売上割合」に記入します。小数点以下は切り捨てます。

手順8　軽減対象の課税売上高の計算

　税率ごとの区分ができていない課税売上高に10営業日の割合を乗じて，軽減対象の課税売上高を計算します。結果は税込で計算されますが，⑥欄には税抜にして記載します。

　したがって，「①課税資産の譲渡等の税込価額の合計額」×「④　③のうち，軽減対象資産の譲渡等（税率6.24％適用分）に係る部分の金額」÷「③　②の期間中に行った課税資産の譲渡等の税込価額の合計額」×（100÷108）を計算して，「⑥軽減対象資産の譲渡等（税率6.24％適用分）の対価の額の合計額」に税抜で記入します。

　小数点以下は切り捨てます。複数の事業を営んでいる場合には，事業の区分ごとの金額を合計して合計欄に記入します。

手順9　標準税率の対象売上高の計算

　税率ごとの区分ができていない売上高から，　手順8　で計算した軽減対象の課税売上高をマイナスして，標準税率分の課税売上高を計算します。ここでも，結果は税込で計算されますが，⑥欄には税抜にして記載します。

　具体的には，「①課税資産の譲渡等の税込価額の合計額」－（「①課税資産の譲渡等の税込価額の合計額」×「④　②のうち，軽減対象資産の譲渡等（税率6.24％適用分）に係る部分の金額」÷「③　②の期間中に行った課税資産の譲渡等の税込価額の合計額」）×（100÷110）を計算して，「⑦軽減対象資産の譲渡等以外の課税資産の譲渡等（税率7.8％適用分）の対価の額の合計額」に税抜で記入します。

　小数点以下は切り捨てます。複数の事業を営んでいる場合には，事業の区分ごとの金額を合計して合計欄に記入します。

手順10 以下では，税率ごとの区分ができている課税売上高を求め，10営業日の割合で按分した金額と合計することによって，事業者の売上高の合計を税率ごとに計算します。

手順10　税率ごとの区分ができている課税売上高を記入

　⑧，⑨欄には，税率ごとの区分ができた課税売上高について，税率ごとに税抜で記載します。本事例では，精肉卸・税込540万円（軽減対象）と生きたまま転売する鶏・税込77万円（標準税率）は税率ごとに区分ができています。

　「⑧軽減対象資産の譲渡等（税率6.24％適用分）の対価の額の合計額」には，税率ごとの区分ができた課税売上高のうち，軽減税率が適用される課税売上高を，「⑨軽減対象資産の譲渡等以外の課税資産の譲渡等（税率7.8％適用分）の対価の額の合計額」には，標準税率が適用される課税売上高を，税抜で記入します。

第5−（1）号様式

課税資産の譲渡等の対価の額の計算表
〔軽減売上割合（10営業日）を使用する課税期間用〕

売上区分用

　軽減対象資産の譲渡等（税率6.24%適用分）を行う事業者が、適用対象期間中に国内において行った課税資産の譲渡等（免税取引及び旧税率（6.3%等）が適用される取引は除く。）の税込価額を税率の異なるごとに区分して合計することにつき困難な事情があるときは、この計算表を使用して計算をすることができます（所得税法等の一部を改正する法律（平成28年法律第15号）附則38①）。

　以下の①〜⑪欄に **手順2** 象期間中に行った取引について記載してください。

課　税　期　間	31・1・1 ～ 1・12・31	氏 名 又 は 名 称	中央第四社
適 用 対 象 期 間	1・10・1 ～ 1・12・31		

			事　業　の　区　分　ご　と　の　計　算			
			（ 小売・惣菜 ）	（　　　　　　）	（　　　　　　）	合　　計
税率ごとの区分が困難な事業における課税資産の譲渡等	課税資産の譲渡等の税込価額の合計額	①	円 10,000,000 **手順3**	円	円	
	通常の事業を行う連続する10営業日	②	年 月 日 （自）1・11・1 （至）1・11・10	年 月 日 （自） ・ ・ **手順4** （至） ・ ・	年 月 日 （自） ・ ・ （至） ・ ・	
	②の期間中に行った課税資産の譲渡等の税込価額の合計額	③	円 1,000,000 **手順5**	円	円	
	③のうち、軽減対象資産の譲渡等（税率6.24%適用分）に係る部分の金額（税込み）	④	900,000 **手順6**			
	軽　減　売　上　割　合 $\left[\dfrac{④}{③}\right]$（※1）	⑤	〔 90 %〕 **手順7** ※端数切捨て	〔 %〕 ※端数切捨て	〔 %〕 ※端数切捨て	
	軽減対象資産の譲渡等（税率6.24%適用分）の対価の額の合計額（税抜き） $\left[①×\dfrac{④}{③}×\dfrac{100}{108}\right]$（※1）	⑥	円 8,333,333 **手順8**	円	円	円 8,333,333
	軽減対象資産の譲渡等以外の課税資産の譲渡等（税率7.8%適用分）の対価の額の合計額（税抜き） $\left[\left(①−\left(①×\dfrac{④}{③}\right)\right)×\dfrac{100}{110}\right]$（※1）	⑦	909,090 **手順9**			909,090

（※1）　主として軽減対象資産の譲渡等（税率6.24%適用分）を行う事業者が、軽減売上割合の算出につき困難な事情があるときは、「50/100」を当該割合とみなして計算することができる。その場合は、②〜④欄は記載せず、⑤欄に50と記載し、⑥及び⑦欄の金額の計算をする際に、「④／③」を「50／100」として計算する。

税率ごとの区分け可能な課税資産の譲渡等が困難な事業における課税資産の譲渡等	軽減対象資産の譲渡等（税率6.24%適用分）の対価の額の合計額（税抜き）（※2）	⑧	**手順10**	円 5,000,000
	軽減対象資産の譲渡等以外の課税資産の譲渡等（税率7.8%適用分）の対価の額の合計額（税抜き）（※3）	⑨		700,000

（※2）　⑧欄には、軽減対象資産の譲渡等（税率6.24%適用分）のみを行う事業における課税資産の譲渡等の対価の額を含む。

（※3）　⑨欄には、軽減対象資産の譲渡等以外の課税資産の譲渡等（税率7.8%適用分）のみを行う事業における課税資産の譲渡等の対価の額を含む。

手順11 **手順11**

全課税資産の譲渡等における課税資産の譲渡等	軽減対象資産の譲渡等（税率6.24%適用分）の対価の額の合計額（税抜き）（⑥合計＋⑧）	⑩	※付表1-1を使用する場合は、付表1-1の①-1D欄へ ※付表4-1を使用する場合は、付表4-1の①-1D欄へ	円 13,333,333
	軽減対象資産の譲渡等以外の課税資産の譲渡等（税率7.8%適用分）の対価の額の合計額（税抜き）（⑦合計＋⑨）	⑪	※付表1-1を使用する場合は、付表1-1の①-1E欄へ ※付表4-1を使用する場合は、付表4-1の①-1E欄へ	1,609,090

注意　1　金額の計算においては、1円未満の端数を切り捨てる。
　　　2　事業の区分ごとの計算がこの計算表に記載しきれないときは、この計算表を複数枚使用し、事業の区分ごとに①〜⑦欄を適宜計算した上で、いずれか1枚の計算表に⑥及び⑦欄の合計額を記載する。

手順11　**全事業における課税売上高の計算**

　10営業日の割合によって計算した課税売上高と，税率ごとの区分ができた課税売上高を合計することによって，事業者の全事業における課税売上高を計算します。

　「⑥軽減対象資産の譲渡等（税率6.24％適用分）の対価の額の合計額」の合計＋「⑧軽減対象資産の譲渡等（税率6.24％適用分）の対価の額の合計額」を計算して「⑩軽減対象資産の譲渡等（税率6.24％適用分）の対価の額の合計額」に，「⑦軽減対象資産の譲渡等以外の課税資産の譲渡等（税率7.8％適用分）の対価の額の合計額」の合計＋「⑨軽減対象資産の譲渡等以外の課税資産の譲渡等（税率7.8％適用分）の対価の額の合計額」を計算して「⑪軽減対象資産の譲渡等以外の課税資産の譲渡等（税率7.8％適用分）の対価の額の合計額」に税抜で記入します。

手順12　**付表１－１，２－１への転記**

　＜手順11＞によって，事業者の課税売上高が税率ごとに区分されましたので，付表に転記します。

　付表１－１の「①－１　課税資産の譲渡等の対価の額」と付表２－１の「①課税売上額（税抜き）」に，税区分ごとに様式5-(1)号の「⑩全事業における課税資産の譲渡等　軽減対象資産の譲渡等（税率6.24％適用分）の対価の額の合計額」と「⑪全事業における課税資産の譲渡等　軽減対象資産の譲渡等以外の課税資産の譲渡等（税率7.8％適用分）の対価の額の合計額」を転記します。

　税区分ごとの合計を「合計Ｆ」に記入します。

手順13　**第二表の記載**

　本事例では特例計算を適用していますので，第二表の右上にある「改正法附則による税額の特例計算」の「軽減売上割合（10営業日)」に「〇」をつけます。

付表１－１から第二表への転記は作成例３と同様です。

手順14 以降は，特例の適用がない場合と同様になります。詳しくは作成例３をご参照ください。

第4−(1)号様式

付表1−1　税率別消費税額計算表　兼　地方消費税の課税標準となる消費税額計算表　［一般］

| 課税期間 | 31・1・1 ～ 1・12・31 | 氏名又は名称 | 中央第四社 |

区　　分		旧税率分小計 X	税率6.24%適用分 D	税率7.8%適用分 E	合　計　F (X＋D＋E)
課 税 標 準 額	①	(付表1-2の①X欄の金額)　円 30,000,000	円 13,333,000	円 1,609,000	※第二表の①欄へ　円 44,942,000
①の内訳	課税資産の譲渡等の対価の額 ①-1	(付表1-2の①-1X欄の金額) 30,000,000	※第二表の⑤欄へ 13,333,333	※第二表の⑯欄へ 1,609,090	※第二表の⑰欄へ 44,942,423
	特定課税仕入れに係る支払対価の額 ①-2	(付表1-2の①-2X欄の金額)			※第二表の⑱欄へ
消 費 税 額	②	(付表1-2の②X欄の金額) 1,890,000	831,979	125,502	※第二表の⑪欄へ 2,847,481
控 除 過 大 調 整 税 額	③	(付表1-2の③X欄の金額)	(付表2-1の⑳・㉑D欄の合計金額)	(付表2-1の⑳・㉑E欄の合計金額)	※第一表の③欄へ
控除税額	控除対象仕入税額 ④	(付表1-2の④X欄の金額) 1,700,999	(付表2-1の㉒D欄の金額) 623,999	(付表2-1の㉒E欄の金額) 77,999	※第一表の④欄へ 2,402,997
	返還等対価に係る税額 ⑤	(付表1-2の⑤X欄の金額)			※第二表の⑰欄へ
	⑤の内訳 売上げの返還等対価に係る税額 ⑤-1	(付表1-2の⑤-1X欄の金額)			※第二表の⑱欄へ
	特定課税仕入れの返還等対価に係る税額 ⑤-2	(付表1-2の⑤-2X欄の金額)	※⑤-2欄は、課税売上割合が95%未満、かつ、特定課税仕入れがある事業者のみ記載する。		※第二表の⑲欄へ
	貸倒れに係る税額 ⑥	(付表1-2の⑥X欄の金額)			※第一表の⑥欄へ
	控除税額小計 (④＋⑤＋⑥) ⑦	(付表1-2の⑦X欄の金額) 1,700,999	623,999	77,999	※第一表の⑦欄へ 2,402,997
控除不足還付税額 (⑦−②−③) ⑧		(付表1-2の⑧X欄の金額)	※⑪E欄へ	※⑪E欄へ	
差 引 税 額 (②＋③−⑦) ⑨		(付表1-2の⑨X欄の金額) 189,001	※⑫E欄へ 207,980	※⑫E欄へ 47,503	444,484
合計差引税額 (⑨−⑧) ⑩					※マイナスの場合は第一表の⑧欄へ ※プラスの場合は第一表の⑨欄へ 444,484
地方消費税の課税標準となる消費税額	控除不足還付税額 ⑪	(付表1-2の⑪X欄の金額)		(⑧D欄と⑧E欄の合計金額)	
	差 引 税 額 ⑫	(付表1-2の⑫X欄の金額) 189,001		(⑨D欄と⑨E欄の合計金額) 255,483	444,484
合計差引地方消費税の課税標準となる消費税額 (⑫−⑪) ⑬		(付表1-2の⑬X欄の金額) 189,001		※第二表の㉒欄へ 255,483	※マイナスの場合は第一表の⑱欄へ ※プラスの場合は第一表の⑳欄へ ※第二表の㉖欄へ 444,484
譲渡割額	還 付 額 ⑭	(付表1-2の⑭X欄の金額)		(⑪E欄×22/78)	
	納 税 額 ⑮	(付表1-2の⑮X欄の金額) 51,000		(⑫E欄×22/78) 72,059	123,059
合計差引譲渡割額 (⑮−⑭) ⑯					※マイナスの場合は第一表の㉑欄へ ※プラスの場合は第一表の㉒欄へ 123,059

注意 1　金額の計算においては、1円未満の端数を切り捨てる。
　　 2　旧税率が適用された取引がある場合は、付表1-2を作成してから当該付表を作成する。

手順12

付表1−2　（経過措置対象課税資産の譲渡等を含む課税期間用）　［一般］

| 氏名又は名称 | 中央第四社 |

		税率6.3%適用分 C	旧税率分小計 X (A＋B＋C)
課 税 標 準 額	①	円 30,000,000	※付表1-1の①X欄へ　円 30,000,000
①の内訳 課税資産の譲渡等の対価の額	①-1	※第二表の④欄へ 30,000,000	※付表1-1の①-1X欄へ 30,000,000
特定課税仕入れに係る支払対価の額	①-2	※第二表の⑧欄へ	※付表1-1の①-2X欄へ
消 費 税 額	②	※第二表の⑪欄へ 1,890,000	※付表1-1の②X欄へ 1,890,000
控 除 過 大 調 整 税 額	③	(付表2-2の⑳・㉑C欄の合計金額)	※付表1-1の③X欄へ
控除対象仕入税額	④	(付表2-2の㉒C欄の金額) 1,700,999	※付表1-1の④X欄へ 1,700,999
返還等対価に係る税額	⑤		※付表1-1の⑤X欄へ
⑤の内訳 売上げの返還等対価に係る税額	⑤-1		※付表1-1の⑤-1X欄へ
特定課税仕入れの返還等対価に係る税額	⑤-2		※付表1-1の⑤-2X欄へ
貸倒れに係る税額	⑥		※付表1-1の⑥X欄へ
控除税額小計 (④＋⑤＋⑥)	⑦	1,700,999	※付表1-1の⑦X欄へ 1,700,999
控除不足還付税額 (⑦−②−③)	⑧	※⑪B欄へ	※⑪C欄へ	※付表1-1の⑧X欄へ
差 引 税 額 (②＋③−⑦)	⑨	※⑫B欄へ	※⑫C欄へ 189,001	※付表1-1の⑨X欄へ 189,001
合計差引税額 (⑨−⑧)	⑩		
地方消費税の課税標準となる消費税額 控除不足還付税額	⑪	(⑧B欄の金額)	(⑧C欄の金額)	※付表1-1の⑪X欄へ
差 引 税 額	⑫	(⑨B欄の金額)	(⑨C欄の金額) 189,001	※付表1-1の⑫X欄へ 189,001
合計差引地方消費税の課税標準となる消費税額 (⑫−⑪)	⑬	※第二表の㉒欄へ	※第二表の㉒欄へ 189,001	※付表1-1の⑬X欄へ 189,001
譲渡割額 還 付 額	⑭	(⑪B欄×25/100)	(⑪C欄×17/63)	※付表1-1の⑭X欄へ
納 税 額	⑮	(⑫B欄×25/100)	(⑫C欄×17/63) 51,000	※付表1-1の⑮X欄へ 51,000
合計差引譲渡割額 (⑮−⑭)	⑯		

注意 1　金額の計算においては、1円未満の端数を切り捨てる。
　　 2　旧税率が適用された取引がある場合は、当該付表を作成してから付表1-1を作成する。

第4－(2)号様式

付表2－1　課税売上割合・控除対象仕入税額等の計算表　　　　　　　　　　　一般

課税期間	31・1・1 ～ 1・12・31	氏名又は名称	中央第四社

項目			旧税率分小計 X	税率6.24%適用分 D	税率7.8%適用分 E	合計 F (X+D+E)
課税売上額（税抜き）		①	(付表2-2の①X欄の金額) 30,000,000	13,333,333	1,609,090	44,942,423
免税売上額		②				
非課税資産の輸出等の金額、海外支店等へ移送した資産の価額		③				
課税資産の譲渡等の対価の額 (①+②+③)		④				※第一表の⑤欄へ ※付表2-2の④X欄へ 44,942,423
課税資産の譲渡等の対価の額 (④の金額)		⑤				44,942,423
非課税売上額		⑥				
資産の譲渡等の対価の額 (⑤+⑥)		⑦				※第一表の⑫欄へ ※付表2-2の⑦X欄へ 44,942,423
課税売上割合 (④/⑦)		⑧				[100.0 %] ※端数切捨て
課税仕入れに係る支払対価の額（税込み）		⑨	(付表2-2の⑨X欄の金額) 29,160,000	10,800,000	1,100,000	41,060,000
課税仕入れに係る消費税額		⑩	(付表2-2の⑩X欄の金額) 1,700,999	(⑨D欄×6.24/108) 623,999	(⑨E欄×7.8/110) 77,999	2,402,997
特定課税仕入れに係る支払対価の額		⑪	(付表2-2の⑪X欄の金額)		※⑪及び⑫欄は、課税売上割合が95%未満、かつ、特定課税仕入れがある事業者のみ記載する。	
特定課税仕入れに係る消費税額		⑫	(付表2-2の⑫X欄の金額)		(⑪E欄×7.8/100)	
課税貨物に係る消費税額		⑬	(付表2-2の⑬X欄の金額)			※付表2-1の⑮F欄の金額 44,942,423
納税義務の免除を受けない(受ける)こととなった場合における消費税額の調整(加算又は減算)額		⑭	(付表2-2の⑭X欄の金額)			
課税仕入れ等の税額の合計額 (⑩+⑫+⑬±⑭)		⑮	(付表2-2の⑮X欄の金額) 1,700,999	623,999	77,999	2,402,997
課税売上高が5億円以下、かつ、課税売上割合が95%以上の場合 (⑮の金額)		⑯	(付表2-2の⑯X欄の金額) 1,700,999	623,999	77,999	2,402,997
課税売上高が5億円超又は課税売上割合が95%未満の場合	個別対応方式	⑮のうち、課税売上げにのみ要するもの	⑰	(付表2-2の⑰X欄の金額)		※付表2-1の⑯F欄の場合 100.0 % ※端数切捨て
		⑮のうち、課税売上げと非課税売上げに共通して要するもの	⑱	(付表2-2の⑱X欄の金額)		29,160,000
		個別対応方式により控除する課税仕入れ等の税額 [⑰+(⑱×④/⑦)]	⑲	(付表2-2の⑲X欄の金額)		1,700,999
	一括比例配分方式	一括比例配分方式により控除する課税仕入れ等の税額 (⑮×④/⑦)	⑳	(付表2-2の⑳X欄の金額)		
控除の税額調整	課税売上割合変動時の調整対象固定資産に係る消費税額の調整(加算又は減算)額		㉑	(付表2-2の㉑X欄の金額)		
	調整対象固定資産を課税業務用(非課税業務用)に転用した場合の調整(加算又は減算)額		㉒	(付表2-2の㉒X欄の金額)		
差引	控除対象仕入税額 [(⑯、⑲又は⑳の金額)±㉑±㉒] がプラスの時		㉓	(付表2-2の㉓X欄の金額) 1,700,999	※付表1-1の⑦D欄へ 623,999	※付表1-1の⑦E欄へ 77,999	2,402,997
	控除過大調整税額 [(⑯、⑲又は⑳の金額)±㉑±㉒] がマイナスの時		㉔	(付表2-2の㉔X欄の金額)	※付表1-1の③D欄へ	※付表1-1の③E欄へ	
貸倒回収に係る消費税額		㉕	(付表2-2の㉕X欄の金額)	※付表1-1の③D欄へ	※付表1-1の③E欄へ	

注意　1　金額の計算においては、1円未満の端数を切り捨てる。
　　　2　旧税率が適用された取引がある場合は、当該付表を作成してから付表2-1を作成する。
　　　3　⑨及び⑲欄には、値引き、割戻し、割引きなど仕入対価の返還等の金額がある場合(仕入対価の返還等の金額を仕入金額から直接減額している場合を除く。)には、その金額を控除した後の金額を記載する。

手順12

付表2－2　　　　　　　　　　　　　　一般

	名称	中央第四社

適用分	税率6.3%適用分 C	旧税率分小計 X (A+B+C)
	30,000,000	30,000,000
		※付表2-1の④X欄の金額 44,942,423
		100.0 % ※端数切捨て
	29,160,000	29,160,000
	(⑨C欄×6.3/108) 1,700,999	※付表2-1の⑩X欄へ 1,700,999
		※特定課税仕入れがある事業者のみ記載する。
		※付表2-1の⑬X欄の金額 44,942,423
	(⑨C欄×6.3/108) 1,700,999	※付表2-1の⑮X欄へ 1,700,999
	1,700,999	1,700,999
		※付表2-1の⑯X欄へ 100.0 % ※端数切捨て
	29,160,000	※付表2-1の⑱X欄へ 29,160,000
	1,700,999	※付表2-1の⑲X欄へ 1,700,999
		※付表2-1の⑳X欄へ
		※付表2-1の㉑X欄へ
		※付表2-1の㉒X欄へ
(付表1-2の①C欄へ)	(付表1-2の①C欄へ) 1,700,999	※付表2-1の㉓X欄へ 1,700,999
	1,700,999	※付表2-1の㉔X欄へ 1,700,999
(付表1-2の③C欄へ)		※付表2-1の㉕X欄へ

（下部 付表2-1 の重複部分）

課税売上高が5億円超又は課税売上割合が95%未満の場合	一括比例配分方式	共通して要するもの	⑱		※付表2-1の⑱X欄へ
		個別対応方式により控除する課税仕入れ等の税額 [⑰+(⑱×④/⑦)]	⑲		※付表2-1の⑲X欄へ
		一括比例配分方式により控除する課税仕入れ等の税額 (⑮×④/⑦)	⑳		※付表2-1の⑳X欄へ
控除の税額調整	課税売上割合変動時の調整対象固定資産に係る消費税額の調整(加算又は減算)額		㉑		※付表2-1の㉑X欄へ
	調整対象固定資産を課税業務用(非課税業務用)に転用した場合の調整(加算又は減算)額		㉒		※付表2-1の㉒X欄へ
差引	控除対象仕入税額 [(⑯、⑲又は⑳の金額)±㉑±㉒] がプラスの時		㉓	(付表1-2の①A欄へ) (付表1-2の①B欄へ) 1,700,999	※付表2-1の㉓X欄へ 1,700,999
	控除過大調整税額 [(⑯、⑲又は⑳の金額)±㉑±㉒] がマイナスの時		㉔	※付表1-2の③A欄へ ※付表1-2の③B欄へ	※付表2-1の㉔X欄へ
貸倒回収に係る消費税額		㉕		※付表1-2の③A欄へ ※付表1-2の③B欄へ	※付表2-1の㉕X欄へ

注意　1　金額の計算においては、1円未満の端数を切り捨てる。
　　　2　旧税率が適用された取引がある場合は、当該付表を作成してから付表2-1を作成する。
　　　4　⑨及び⑲欄には、値引き、割戻し、割引きなど仕入対価の返還等の金額がある場合(仕入対価の返還等の金額を仕入金額から直接減額している場合を除く。)には、その金額を控除した後の金額を記載する。

I 基本編　II 実例編　II 1（個人）寿司屋　II 2賃貸（個人）農業と不動産　II 3（法人）雑貨と食品　II 4（法人）精肉店　III 廃業手続編

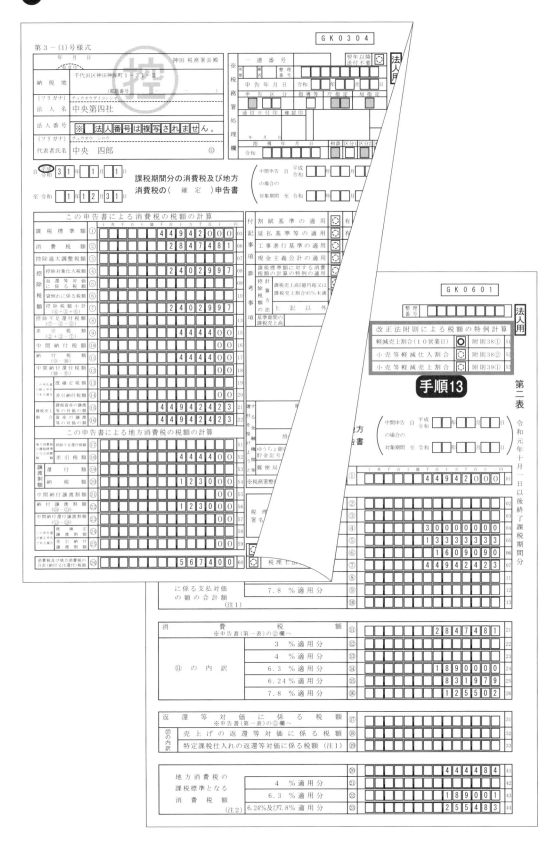

＜参考１　売上に対する特例のうち小売等軽減仕入割合を使用する場合＞

　課税売上を税率ごとに区分することはできないが，課税仕入れについては税率ごとに区分ができる中小事業者のうち，卸売業または小売業を営む事業者については，軽減税率の対象仕入れが，仕入全体に占める割合を使用する特例を受けることができます。ここで使用する率を「小売等軽減仕入割合」といいます。

　ここでは，小売等軽減仕入割合を適用する場合の計算表，付表の作成についてみてみましょう。

> 参考１　設定
> 作成例４の事業者の売上と仕入れが次のようであったとします

表３　課税売上の集計表（税込）

	9月まで	10月以降	
	旧税率8％	軽減8％	10％
卸売	3,240万円	精肉卸　540万円	生きたまま転売する鶏 77万円
小売		精肉小売　　　　　雑貨小売　区分できていない　1,000万円	
製造		コロッケ製造販売 108万円	

表４　課税仕入れの集計表（税込）

	9月まで	10月以降	
	旧税率8％	軽減8％	10％
卸売	2,916万円	精肉卸・小売 1,080万円	生きたまま転売する鶏 44万円
小売			雑貨小売　66万円

1．小売等軽減仕入割合を使用する場合の作成手順

　　1．税区分・事業の区分ごとに売上と仕入れを集計します

【第5－⑵号様式の説明】

　　2．課税期間と適用対象期間を記入します

　　3．課税仕入れの合計額を記入します

　　4．軽減対象の課税仕入れの金額を記入します

　　5．小売等軽減仕入割合を計算します

　　6．税率ごとの区分がされていない課税売上高を記入します

　　7．軽減対象の課税売上高を計算します

　　8．標準税率の対象となる売上高を計算します

　　9．卸売業及び小売業以外の事業に係る課税売上高を記入します

　　10．全事業に係る課税売上高を計算します

　　11．課税売上高を税率ごとに付表1－1に転記します

【第二表に転記】

　　12．右上の税額の特例計算欄に〇印をつけます

2．記載例

手順1　税区分・事業の区分ごとの売上と仕入れの集計

　税率引上げを境として，令和1年9月30日までと，令和1年10月1日からの課税売上を区分して，税率ごと，事業の区分ごとに集計します。税率を区分できない売上については，まとめて集計を行います。

　小売等軽減仕入割合を使用するためには，課税仕入れを税率ごとに区分している必要がありますので，税率ごと，事業の区分ごとに集計をします。

手順2から**手順10**までは，第5－⑵号様式の作成の仕方を説明します。

手順2　課税期間と適用対象期間の記入

　「課税期間」「適用対象期間」を記入します。

手順3から**手順8**では，税率ごとの区分ができていない売上高を，小売等軽減仕入割合を用いて按分します。

手順3　課税仕入れの合計額を記入

　まず，10月以降の課税仕入れ全体の金額を集計して，「①課税仕入れに係る支払対価の額」に税込みで記入します。

　本事例では特定課税仕入れ・保税地域から引き取った課税貨物はありませんから，「④課税仕入れに係る支払対価の額等の合計額」に「①課税仕入れに係る支払対価の額」の金額を記入します。

手順4　**軽減対象の課税仕入れの金額を記入**

　次に，軽減税率8％対象の課税仕入れの金額を集計して，「⑤　④のうち，軽減税率対象資産の譲渡等（税率6.24％適用分）にのみ要するものの金額」に税込で記載します。

手順5　**小売等軽減仕入割合の計算**

　軽減対象の課税仕入れの金額を，課税仕入れ全体の合計額で割ることによって，小売等軽減仕入割合を求めます。

　「⑤　④のうち，軽減税率対象資産の譲渡等（税率6.24％適用分）にのみ要するものの金額」÷「④課税仕入れに係る支払対価の額等の合計額」を計算して「⑥小売等軽減仕入割合」に記入します。小数点以下は切り捨てます。

手順6　**税率ごとの区分がされていない課税売上額の記入**

　「⑦課税資産の譲渡等の税込価額の合計額」には，税率ごとの区分がなされていない課税売上を含む，卸売業・小売業全体の課税売上高を記載します。

　10営業日の割合の特例の場合には，区分ができていない課税売上だけを特例の対象とすることが可能ですが，小売等軽減仕入割合の特例の場合には，卸売業・小売業全体に係る仕入割合を用いますので，課税売上の一部にだけ特例を適用するわけにいかないからです。

手順7　**軽減対象の課税売上高の計算**

　税率ごとの区分ができていない課税売上高を含む，卸売業・小売業全体の課税売上高に，小売等軽減仕入割合を乗じて，軽減対象の課税売上高を計算します。結果は税込で計算されますが，⑧欄には税抜にして記載します。

　「⑦課税資産の譲渡等の税込価額の合計額」×「⑤　④のうち，軽減税率対象資産の譲渡等（税率6.24％適用分）にのみ要するものの金額」÷「④課税仕入れに係る支払対価の額等の合計額」×（100÷108）を計算して「⑧軽減対象資産の譲渡等（税率6.24％適用分）の対価の額の合計額」に税抜で記入します。

　小数点以下は切り捨てます。複数の事業を営んでいる場合には，事業の区分ごとの金額を合計して合計欄に記入します。

手順8　**標準税率の対象売上高の計算**

　税率ごとの区分ができていない売上高から，**手順7**で計算した軽減対象の課税売上高をマイナスして，標準税率分の課税売上高を計算します。ここでも，結果は税込で計算さ

Ⅰ 基 本 編

Ⅱ 実 例 編

Ⅱ 1 寿司屋（個人）

Ⅱ 2 賃貸と不動産（個人）

Ⅱ 3 雑貨と食品（法人）

Ⅱ 4 精肉店（法人） 参 考 1

Ⅲ 廃業手続編

れますが，⑨欄には税抜にして記載します。

　「⑦課税資産の譲渡等の税込価額の合計額」－（「⑦課税資産の譲渡等の税込価額の合計額」×「⑤　④のうち，軽減税率対象資産の譲渡等（税率6.24％適用分）にのみ要するものの金額」÷「④課税仕入れに係る支払対価の額等の合計額」）×（100÷110）を計算して，「⑨軽減対象資産の譲渡等以外の課税資産の譲渡等（税率7.8％適用分）の対価の額の合計額」に税抜きで記入します。

　小数点以下は切り捨てます。複数の事業を営んでいる場合には，事業の区分ごとの金額を合計して合計欄に記入します。

手順9　卸売業及び小売業以外の事業に係る課税売上の記入

　小売等軽減仕入割合の特例は，卸売業・小売業のみに適用がありますので，その他の事業に対しては特例の適用ができません。したがって，卸・小売業以外の事業については税率ごとに区分して集計する必要があります。

　「⑩軽減対象資産の譲渡等（税率6.24％適用分）の対価の額の合計額」には，卸売業及び小売業以外の課税売上のうち，軽減税率対応分を，「⑪軽減対象資産の譲渡等以外の課税資産の譲渡等（税率7.8％適用分）の対価の額の合計額」には，標準税率対応分を記入します。

手順10　全事業における課税売上高の計算

　小売等軽減仕入割合によって計算した課税売上高と，卸・小売業以外の課税売上高を合計することによって，事業者の全事業における課税売上高を計算します。

　「⑧軽減対象資産の譲渡等（税率6.24％適用分）の対価の額の合計額」の合計＋「⑩軽減対象資産の譲渡等（税率6.24％適用分）の対価の額の合計額」を計算して「⑫軽減対象資産の譲渡等（税率6.24％適用分）の対価の額の合計額」に，「⑨軽減対象資産の譲渡等以外の課税資産の譲渡等（税率7.8％適用分）の対価の額の合計額」の合計＋「⑪軽減対象資産の譲渡等以外の課税資産の譲渡等（税率7.8％適用分）の対価の額の合計額」を計算して「⑬軽減対象資産の譲渡等以外の課税資産の譲渡等（税率7.8％適用分）の対価の額の合計額」記入します。

第5-(2)号様式

課税資産の譲渡等の対価の額の計算表 〔小売等軽減仕入割合を使用する課税期間用〕 　売上区分用

　軽減対象資産の譲渡等(税率6.24%適用分)を行う事業者が、適用対象期間中に国内において行った卸売業及び小売業に係る課税資産の譲渡等(免税取引及び旧税率(6.3%等)が適用される取引は除く。)の税込価額を税率の異なるごとに区分して合計することにつき困難な事情があるときは、この計算表を使用して計算をすることができます(所得税法等の一部を改正する法律(平成28年法律第15号)附則38②)。

　以下の①～⑬欄に、当該適用対象期間中に行った取引に　　　　　てください。

手順2

課　税　期　間	31・1・1 ～ 1・12・31	氏 名 又 は 名 称	中央第四社
適 用 対 象 期 間	1・10・1 ～ 1・12・31		

			事 業 の 区 分 ご と の 計 算		
			(卸・小売業)	( )	合 計
卸売業及び小売業に係る課税取引	課税仕入れに係る支払対価の額(税込み)	①	円 11,900,000	円	
	特定課税仕入れに係る支払対価の額×$\frac{110}{100}$ 〔経過措置により旧税率が適用される場合は×$\frac{108}{100}$〕	②	**手順3**		
	保税地域から引き取った課税貨物に係る税込引取価額	③			
	課税仕入れに係る支払対価の額等の合計額 (①+②+③)	④	11,900,000		
	④のうち、軽減対象資産の譲渡等(税率6.24%適用分)にのみ要するものの金額(税込み)	⑤	10,800,000 **手順4**		
	小 売 等 軽 減 仕 入 割 合 $\left(\frac{⑤}{④}\right)$(※1)	⑥	〔 90 %〕 ※端数切捨て **手順5** %〕 ※　　捨て		
	課税資産の譲渡等の税込価額の合計額	⑦	円 16,170,000 **手順6**	円	
	軽減対象資産の譲渡等(税率6.24%適用分)の対価の額の合計額(税抜き) $\left[⑦×\frac{⑤}{④}×\frac{100}{108}\right]$(※1)	⑧	13,588,235 **手順7**		円 13,588,235
	軽減対象資産の譲渡等以外の課税資産の譲渡等(税率7.8%適用分)の対価の額の合計額(税抜き) $\left[\left(⑦-\left[⑦×\frac{⑤}{④}\right]\right)×\frac{100}{110}\right]$(※1)	⑨	1,358,823 **手順8**		1,358,823

(※1)　主として軽減対象資産の譲渡等(税率6.24%適用分)を行う事業者が、小売等軽減仕入割合の算出につき困難な事情があるときは、「50/100」を当該割合とみなして計算することができる。その場合は、①～⑤欄は記載せず、⑥欄に50と記載し、⑧及び⑨欄の金額の計算において、「⑤/④」を「50/100」として計算する。

卸の売業事及業びに小係売る業課以税外取引	軽減対象資産の譲渡等(税率6.24%適用分)の対価の額の合計額(税抜き)	⑩	円 1,000,000
	軽減対象資産の譲渡等以外の課税資産の譲渡等(税率7.8%適用分)の対価の額の合計額(税抜き)	⑪	**手順9**

手順10

全事業に係る課税取引	軽減対象資産の譲渡等(税率6.24%適用分)の対価の額の合計額(税抜き) (⑧合計+⑩) **手順10**	⑫	※付表1-1の①-1D欄へ 円 14,588,235
	軽減対象資産の譲渡等以外の課税資産の譲渡等(税率7.8%適用分)の対価の額の合計額(税抜き) (⑨合計+⑪)	⑬	※付表1-1の①-1E欄へ 1,358,823

注意　1　金額の計算においては、1円未満の端数を切り捨てる。
　　　2　事業の区分ごとの計算がこの計算表に記載しきれないときは、この計算表を複数枚使用し、事業の区分ごとに①～⑨欄を適宜計算した上で、いずれか1枚の計算表に⑧及び⑨欄の合計額を記載する。

I 基本編

II 実例編

II-1 (個人)寿司屋

II-2 賃貸(個人)農業と不動産

II-3 (法人)雑貨と食品

II-4 精肉店(法人)参考1

III 廃業手続編

手順11　付表１－１，２－１への転記

手順10によって，事業者の課税売上高が税率ごとに区分されましたので，付表に転記します。

　付表１－１の「①-1　課税資産の譲渡等の対価の額」と付表２－１の「①課税売上額（税抜き）」に税区分ごとに，様式5-⑵号の「⑩全事業に係る課税取引　軽減対象資産の譲渡等（税率6.24%適用分）の対価の額の合計額」と「⑪全事業に係る課税取引　軽減対象資産の譲渡等以外の課税資産の譲渡等（税率7.8%適用分）の対価の額の合計額」を転記します。税区分ごとの合計を「合計F」に記入します。

　小売等軽減仕入割合の特例は，簡易課税が適用される事業者には，適用がありませんので，簡易課税で使用する付表４－１に転記することはありません。

手順12　第二表の記載

　本事例では特例計算を適用していますので，第二表の右上にある「改正法附則による税額の特例計算」の「小売等軽減仕入割合」に「〇」をつけます。

付表１－１から第二表への転記は作成例3と同様で，以下の手順は，特例を適用しない通常の申告書の作成方法と同じです。

第4−(1)号様式

付表1−1　税率別消費税額計算表　兼　地方消費税の課税標準となる消費税額計算表　【一般】

課税期間	31・1・1 ～ 1・12・31	氏名又は名称	中央第四社

区　分		旧税率分小計 X	税率6.24%適用分 D	税率7.8%適用分 E	合　計　F (X+D+E)
課税標準額	①	(付表1-2の①X欄の金額) 30,000,000	14,588,000 円	1,358,000 円	※第二表の①欄へ 45,946,000 円
①の内訳 課税資産の譲渡等の対価の額	①-1	(付表1-2の①-1X欄の金額) 30,000,000	※第二表の⑤欄へ 14,588,235	※第二表の⑥欄へ 1,358,823	※第二表の⑦欄へ 45,947,058
特定課税仕入れに係る支払対価の額	①-2	(付表1-2の①-2X欄の金額)			※第二表の⑧欄へ
消費税額	②	(付表1-2の②X欄の金額) 1,890,000	910,291	105,924	※第二表の⑪欄へ 2,906,215
控除過大調整税額	③	(付表1-2の③X欄の金額)	(付表2-1の㉕・㉖D欄の合計金額)	(付表2-1の㉕・㉖E欄の合計金額)	※第一表の③欄へ
控除税額 控除対象仕入税額	④	(付表1-2の④X欄の金額) 1,700,999	(付表2-1の㉓D欄の金額) 623,999	(付表2-1の㉓E欄の金額) 77,999	※第一表の④欄へ 2,402,997
返還等対価に係る税額	⑤	(付表1-2の⑤X欄の金額)			※第二表の⑰欄へ
⑤の内訳 売上げの返還等対価に係る税額	⑤-1	(付表1-2の⑤-1X欄の金額)			※第二表の⑱欄へ
特定課税仕入れの返還等対価に係る税額	⑤-2	(付表1-2の⑤-2X欄の金額)			※第二表の⑲欄へ
貸倒れに係る税額	⑥	(付表1-2の⑥X欄の金額) 19,999			※第一表の⑥欄へ 19,999
控除税額小計 (④+⑤+⑥)	⑦	(付表1-2の⑦X欄の金額) 1,720,998	623,999	77,999	※第一表の⑦欄へ 2,422,996
控除不足還付税額 (⑦-②-③)	⑧	(付表1-2の⑧X欄の金額) 19,999	※⑪E欄へ	※⑪E欄へ	19,999
差引税額 (②+③-⑦)	⑨	(付表1-2の⑨X欄の金額) 189,001	286,292	27,925	503,218
合計差引税額 (⑨-⑧)	⑩				※マイナスの場合は第一表の⑧欄へ ※プラスの場合は第一表の⑨欄へ 483,219
地方消費税の課税標準となる消費税額 控除不足還付税額	⑪	(付表1-2の⑪X欄の金額) 19,999		(⑧D欄と⑧E欄の合計金額)	19,999
差引税額	⑫	(付表1-2の⑫X欄の金額) 189,001		(⑨D欄と⑨E欄の合計金額) 314,217	503,218
合計差引地方消費税の課税標準となる消費税額 (⑫-⑪)	⑬	(付表1-2の⑬X欄の金額) 169,002		※第二表の㉑欄へ 314,217	※マイナスの場合は第一表の⑱欄へ ※プラスの場合は第一表の⑳欄へ ※第二表の㉑欄へ 483,219
譲渡割額 還付額	⑭	(付表1-2の⑭X欄の金額) 4,999		(⑪E欄×22/78)	4,999
納税額	⑮	(付表1-2の⑮X欄の金額) 51,000		(⑫E欄×22/78) 88,625	139,625
合計差引譲渡割額 (⑮-⑭)	⑯				※マイナスの場合は第一表の㉒欄へ ※プラスの場合は第一表の㉓欄へ 134,626

手順11

注意　1　金額の計算においては、1円未満の端数を切り捨てる。
　　　2　旧税率が適用された取引がある場合は、付表1-2を作成してから当該付表を作成する。

付表1−2　【経過措置対象課税資産の譲渡等を含む課税期間用】　【一般】

氏名又は名称	中央第四社

		税率6.3%適用分 C	旧税率分小計 X (A+B+C)
課税標準額 ①		30,000,000 円	(付表1-1の①X欄へ) 30,000,000 円
課税資産の譲渡等の対価の額 ①-1		※第二表の④欄へ 30,000,000	※付表1-1の①-1X欄へ 30,000,000
特定課税仕入れに係る支払対価の額 ①-2		※第二表の⑩欄へ	※付表1-1の①-2X欄へ
消費税額 ②		※第二表の⑮欄へ 1,890,000	※付表1-1の②X欄へ 1,890,000
控除過大調整税額 ③		(付表2-2の㉕・㉖C欄の合計金額)	※付表1-1の③X欄へ
控除対象仕入税額 ④		(付表2-2の㉓C欄の金額) 1,700,999	※付表1-1の④X欄へ 1,700,999
返還等対価に係る税額 ⑤			※付表1-1の⑤X欄へ
売上げの返還等対価に係る税額 ⑤-1			※付表1-1の⑤-1X欄へ
特定課税仕入れの返還等対価に係る税額 ⑤-2			※付表1-1の⑤-2X欄へ
貸倒れに係る税額 ⑥		19,999	※付表1-1の⑥X欄へ 19,999
控除税額小計 (④+⑤+⑥) ⑦		19,999 1,700,999	※付表1-1の⑦X欄へ 1,720,998
控除不足還付税額 (⑦-②-③) ⑧		※⑪B欄へ 19,999	※⑪C欄へ ※付表1-1の⑧X欄へ 19,999
差引税額 (②+③-⑦) ⑨		※⑫C欄へ 189,001	※付表1-1の⑨X欄へ 189,001
合計差引税額 (⑨-⑧) ⑩			
控除不足還付税額 ⑪		(⑧B欄の金額) 19,999	(⑧C欄の金額) ※付表1-1の⑪X欄へ 19,999
差引税額 ⑫		(⑨B欄の金額) 189,001	(⑨C欄の金額) ※付表1-1の⑫X欄へ 189,001
合計差引地方消費税の課税標準となる消費税額 (⑫-⑪) ⑬		※第二表の㉓欄へ △19,999	※第二表の㉓欄へ 189,001 ※付表1-1の⑬X欄へ 169,002
還付額 ⑭		(⑪B欄×25/100) 4,999	※付表1-1の⑭X欄へ 4,999
納税額 ⑮		(⑫B欄×25/100)	(⑫C欄×17/63) 51,000 ※付表1-1の⑮X欄へ 51,000
合計差引譲渡割額 (⑮-⑭) ⑯			

注意　1　金額の計算においては、1円未満の端数を切り捨てる。
　　　2　旧税率が適用された取引がある場合は、当該付表を作成してから付表1-1を作成する。

第4－（2）号様式

付表2－1　課税売上割合・控除対象仕入税額等の計算表

一　般

| 課税期間 | 31・1・1 ～　1・12・31 | 氏名又は名称 | 中央第四社 |

項　　　　目		旧税率分小計 X	税率6.24%適用分 D	税率7.8%適用分 E	合　計　F（X＋D＋E）
課 税 売 上 額 （ 税 抜 き ）	①	30,000,000	14,588,235	1,358,823	45,947,058
免 税 売 上 額	②				
非課税資産の輸出等の金額、海外支店等へ移送した資産の価額	③				
課税資産の譲渡等の対価の額（①＋②＋③）	④				45,947,058
課税資産の譲渡等の対価の額（④の金額）	⑤				45,947,058
非 課 税 売 上 額	⑥				
資産の譲渡等の対価の額（⑤＋⑥）	⑦				45,947,058
課 税 売 上 割 合 （④／⑦）	⑧				［ 100.0 ％ ］
課税仕入れに係る支払対価の額（税込み）	⑨	29,160,000	10,800,000	1,100,000	41,060,000
課 税 仕 入 れ に 係 る 消 費 税 額	⑩	1,700,999	623,999	77,999	2,402,997
特 定 課 税 仕 入 れ に 係 る 支 払 対 価 の 額	⑪				
特 定 課 税 仕 入 れ に 係 る 消 費 税 額	⑫				
課 税 貨 物 に 係 る 消 費 税 額	⑬				
納税義務の免除を受けない(受ける)こととなった場合における消費税額の調整(加算又は減算)額	⑭				
課税仕入れ等の税額の合計額（⑩＋⑫＋⑬±⑭）	⑮	1,700,999	623,999	77,999	2,402,997
課税売上高が5億円以下、かつ、課税売上割合が95%以上の場合（⑮の金額）	⑯	1,700,999	623,999	77,999	2,402,997
課5課95税売上高が5億円超又は課税売上割合が95%未満の場合 個別対応方式	⑮のうち、課税売上げにのみ要するもの	⑰				
	⑮のうち、課税売上げと非課税売上げに共通して要するもの	⑱				
	個別対応方式により控除する課税仕入れ等の税額〔⑰＋(⑱×④／⑦)〕	⑲				
一括比例配分方式により控除する課税仕入れ等の税額（⑮×④／⑦）	⑳				
控除の税額調整	課税売上割合変動時の調整対象固定資産に係る消費税額の調整(加算又は減算)額	㉑				
	調整対象固定資産を課税業務用(非課税業務用)に転用した場合の調整(加算又は減算)額	㉒				
差引	控 除 対 象 仕 入 税 額〔(⑯、⑲又は⑳の金額)±㉑±㉒〕がプラスの時	㉓	1,700,999	623,999	77,999	2,402,997
	控 除 過 大 調 整 税 額〔(⑯、⑲又は⑳の金額)±㉑±㉒〕がマイナスの時	㉔				
貸 倒 回 収 に 係 る 消 費 税 額	㉕				

注意　1　金額の計算においては、1円未満の端数を切り捨てる。
　　　2　旧税率が適用された取引がある場合は、付表2-2を作成してから当該付表を作成する。
　　　3　⑨及び⑭欄には、値引き、割戻し、割引きなど仕入対価の返還等の金額がある場合(仕入対価の返還等の金額を仕入金額から直接減額している場合を除く。)には、その金額を控除した後の金額を記載する。

付表2－2

一　般

| | 中央第四社 |

適用分 C	旧税率分小計 X（A＋B＋C）
30,000,000	30,000,000
	45,947,058
	45,947,058
	45,947,058
	［ 100.0 ％ ］
	29,160,000	29,160,000
1,700,999	1,700,999
1,700,999	1,700,999
1,700,999	1,700,999

売円未割合が95%未満の高又合がはが合 共 通 し て 要 す る も の ⑱
方式 個別対応方式により控除する課税仕入れ等の税額〔⑰＋(⑱×④／⑦)〕 ⑲
一括比例配分方式により控除する課税仕入れ等の税額（⑮×④／⑦） ⑳
控除の税額調整 課税売上割合変動時の調整対象固定資産に係る消費税額の調整(加算又は減算)額 ㉑
調整対象固定資産を課税業務用(非課税業務用)に転用した場合の調整(加算又は減算)額 ㉒
差引 控 除 対 象 仕 入 税 額〔(⑯、⑲又は⑳の金額)±㉑±㉒〕がプラスの時 ㉓　1,700,999　1,700,999
控 除 過 大 調 整 税 額〔(⑯、⑲又は⑳の金額)±㉑±㉒〕がマイナスの時 ㉔
貸 倒 回 収 に 係 る 消 費 税 額 ㉕

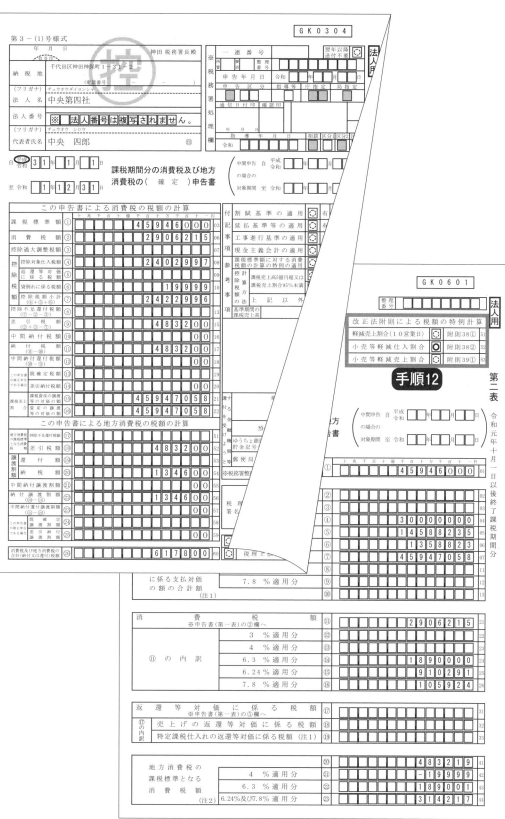

第3－(1)号様式

GK0304

年　月　日　　　　　　　神田 税務署長殿

法人用

納税地　千代田区神田神保町1－31－2
（電話番号　　－　　　）

（フリガナ）チュウオウダイヨンシャ

法人名　中央第四社

法人番号　※　法人番号は複写されません。

（フリガナ）チュウオウ シロウ

代表者氏名　中央　四郎　㊞

自　令和　31年　1月　1日
至　令和　1年　12月　31日

課税期間分の消費税及び地方
消費税の（　確　定　）申告書

中間申告　自　平成／令和　　年　　月　　日
の場合の　対象期間　至　令和　　年　　月　　日

この申告書による消費税の税額の計算

		金額
課税標準額	①	4 5 9 4 6 0 0 0
消費税額	②	2 9 0 6 2 1 5
控除過大調整税額	③	
控除税額 控除対象仕入税額	④	2 4 0 2 9 9 7
返還等対価に係る税額	⑤	
貸倒れに係る税額	⑥	1 9 9 9 9
控除税額小計(④+⑤+⑥)	⑦	2 4 2 2 9 9 6
控除不足還付税額(⑦-②-③)	⑧	
差引税額(②+③-⑦)	⑨	4 8 3 2 0 0
中間納付税額	⑩	0 0
納付税額(⑨-⑩)	⑪	4 8 3 2 0 0
中間納付還付税額(⑩-⑨)	⑫	0 0
この申告書が修正申告である場合 既確定税額	⑬	
差引納付税額	⑭	0 0
課税売上割合 課税資産の譲渡等の対価の額	⑮	4 5 9 4 7 0 5 8
資産の譲渡等の対価の額	⑯	4 5 9 4 7 0 5 8

この申告書による地方消費税の税額の計算

地方消費税の課税標準となる消費税額	控除不足還付税額	⑰	
	差引税額	⑱	4 8 3 2 0 0
譲渡割額	還付額	⑲	
	納税額	⑳	1 3 4 6 0 0
中間納付譲渡割額		㉑	0 0
納付譲渡割額(⑳-㉑)		㉒	1 3 4 6 0 0
中間納付還付譲渡割額(㉑-⑳)		㉓	0 0
この申告書が修正申告である場合	既確定譲渡割額	㉔	
	差引納付譲渡割額	㉕	0 0
消費税及び地方消費税の合計税額(納付又は還付)税額		㉖	6 1 7 8 0 0

付記事項

割賦基準の適用	有
延払基準等の適用	有
工事進行基準の適用	有
現金主義会計の適用	有
課税標準額に対する消費税額の計算の特例の適用	

一　連　番　号

申告年月日　令和　　年　　月　　日

GK0601

法人用

整理番号

改正法附則による税額の特例計算

軽減売上割合（10営業日）	附則38①	51
小売等軽減仕入割合	附則38②	⭕ 52
小売等軽減売上割合	附則39①	53

手順12

第二表

中間申告　自　平成／令和　　年　　月　　日
の場合の　対象期間　至　令和　　年　　月　　日

令和元年十月一日以後終了課税期間分

	金額
①	4 5 9 4 6 0 0 0
②	
③	
④	3 0 0 0 0 0 0 0
⑤	1 4 5 8 0 2 3 5
⑥	1 3 5 8 2 4 8
⑦	4 5 9 4 7 0 5 8
⑧	

に係る支払対価の額の合計額（注1）

	7.8 % 適用分	⑨	
		⑩	

消費税額 ※申告書（第一表）の②欄へ	⑪	2 9 0 6 2 1 5
⑪の内訳	3 % 適用分	⑫	
	4 % 適用分	⑬	
	6.3 % 適用分	⑭	1 8 9 0 0 0 0
	6.24% 適用分	⑮	9 1 0 2 9 1
	7.8 % 適用分	⑯	1 0 5 9 2 4

返還等対価に係る税額 ※申告書（第一表）の⑤欄へ	⑰	
⑰の内訳	売上げの返還等対価に係る税額	⑱	
	特定課税仕入れの返還等対価に係る税額（注1）	⑲	

地方消費税の課税標準となる消費税額	4 % 適用分	⑳	4 8 3 2 1 9
	6.3 % 適用分	㉑	- 1 9 9 9 9
	6.24%及び7.8%適用分	㉒	1 8 9 0 0 1
（注2）		㉓	3 1 4 2 1 7

<参考2　売上に対する特例で50%を使用する場合>

　主として軽減対象品目を扱っている事業者で，10営業日の割合にも，小売等軽減仕入割合によることも困難であるときは，10営業日の割合または小売等軽減仕入割合を50%として，特例を適用することができます。

　ここで，「主として」とは，軽減税率対象の課税売上高が，おおむね50%以上あることをいいます。

1．10営業日の割合の代わりに50%を使用する場合

(1)　作成手順

【第5-(1)号様式の説明】

　1．課税期間と適用対象期間を記入します

　2．税率ごとの区分ができていない課税売上の合計額を記入します

　3．軽減売上割合として50%を記入します

(2)　記載例

手順1　課税期間と適用対象期間の記入

　作成例4と同様です。説明は省略します。

手順2　税率ごとの区分ができていない課税売上の合計額を記入

　第5-(1)号様式の「①課税資産の譲渡等の税込価額の合計額」に，税率ごとの区分ができていない売上高を税込で記載するのも，作成例4と同様です。

手順3　軽減売上割合の記入

　②～④の欄には何も記入せず，「⑤軽減売上割合」に「50%」と記入します。

以降の計算は作成例4と同じなので説明は省略します。

第5－(1)号様式

課税資産の譲渡等の対価の額の計算表 〔軽減売上割合(10営業日)を使用する課税期間用〕

売上区分用

　軽減対象資産の譲渡等(税率6.24%適用分)を行う事業者が、適用対象期間中に国内において行った課税資産の譲渡等(免税取引及び旧税率(6.3%等)が適用される取引は除く。)の税込価額を税率の異なるごとに区分して合計することにつき困難な事情があるときは、この計算表を使用して計算をすることができます(所得税法等の一部を改正する法律(平成28年法律第15号)附則38①)。
　以下の①～⑪欄に、当該適用対象期間中に行った取引について記載してください。

手順1

課　税　期　間	31・1・1 ～ 1・12・31	氏　名　又　は　名　称	中央第四社
適　用　対　象　期　間	1・10・1 ～ 1・12・31		

<table>
<tr><td rowspan="9">税率ごとの区分が困難な事業における課税資産の譲渡等</td><td></td><td></td><td colspan="2">事　業　の　区　分　ご　と　の　計　算</td><td></td><td></td></tr>
<tr><td></td><td></td><td>(小売・惣菜)</td><td>(　　　　　)</td><td>(　　　　　)</td><td>合　　　計</td></tr>
<tr><td>課税資産の譲渡等の税込価額の合計額</td><td>①</td><td>円
10,000,000 手順2</td><td>円</td><td>円</td><td></td></tr>
<tr><td>通常の事業を行う連続する10営業日</td><td>②</td><td>年　月　日
(自)　・　・
(至)　・　・</td><td>年　月　日
(自)　・　・
(至)　・　・</td><td>年　月　日
(自)　・　・
(至)　・　・</td><td></td></tr>
<tr><td>②の期間中に行った課税資産の譲渡等の税込価額の合計額</td><td>③</td><td>円</td><td>円</td><td>円</td><td></td></tr>
<tr><td>③のうち、軽減対象資産の譲渡等(税率6.24%適用分)に係る部分の金額(税込み)</td><td>④</td><td></td><td></td><td></td><td></td></tr>
<tr><td>軽　減　売　上　割　合
$\left[\dfrac{④}{③}\right]$ (※1)</td><td>⑤</td><td>〔 50 %〕 手順3
※端数切捨て</td><td>〔 　 %〕
※端数切捨て</td><td>〔 　 %〕
※端数切捨て</td><td></td></tr>
<tr><td>軽減対象資産の譲渡等(税率6.24%適用分)の対価の額の合計額(税抜き)
$\left[①×\dfrac{④}{③}×\dfrac{100}{108}\right]$ (※1)</td><td>⑥</td><td>円
4,629,629</td><td>円</td><td>円</td><td>円
4,629,629</td></tr>
<tr><td>軽減対象資産の譲渡等以外の課税資産の譲渡等(税率7.8%適用分)の対価の額の合計額(税抜き)
$\left[\left(①-\left[①×\dfrac{④}{③}\right]\right)×\dfrac{100}{110}\right]$ (※1)</td><td>⑦</td><td>4,545,454</td><td></td><td></td><td>4,545,454</td></tr>
</table>

(※1)　主として軽減対象資産の譲渡等(税率6.24%適用分)を行う事業者が、軽減売上割合の算出につき困難な事情があるときは、「50/100」を当該割合とみなして計算することができる。その場合は、②～④欄は記載せず、⑤欄に50と記載し、⑥及び⑦欄の金額の計算において、「④/③」を「50/100」として計算する。

<table>
<tr><td rowspan="2">税率ごとの区分が可能な課税資産の譲渡等に係る事業における課税資産の譲渡等</td><td>軽減対象資産の譲渡等(税率6.24%適用分)の対価の額の合計額(税抜き)(※2)</td><td>⑧</td><td>円
5,000,000</td></tr>
<tr><td>軽減対象資産の譲渡等以外の課税資産の譲渡等(税率7.8%適用分)の対価の額の合計額(税抜き)(※3)</td><td>⑨</td><td>700,000</td></tr>
</table>

(※2)　⑧欄には、軽減対象資産の譲渡等(税率6.24%適用分)のみを行う事業における課税資産の譲渡等の対価の額を含む。
(※3)　⑨欄には、軽減対象資産の譲渡等以外の課税資産の譲渡等(税率7.8%適用分)のみを行う事業における課税資産の譲渡等の対価の額を含む。

<table>
<tr><td rowspan="2">全課税事業における課税資産の譲渡等</td><td>軽減対象資産の譲渡等(税率6.24%適用分)の対価の額の合計額(税抜き)
(⑥合計＋⑧)</td><td>⑩</td><td>※付表1-1を使用する場合は、付表1-1の①-1D欄へ
※付表4-1を使用する場合は、付表4-1の①-1D欄へ　　円
9,629,629</td></tr>
<tr><td>軽減対象資産の譲渡等以外の課税資産の譲渡等(税率7.8%適用分)の対価の額の合計額(税抜き)
(⑦合計＋⑨)</td><td>⑪</td><td>※付表1-1を使用する場合は、付表1-1の①-1E欄へ
※付表4-1を使用する場合は、付表4-1の①-1E欄へ
5,245,454</td></tr>
</table>

注意　1　金額の計算においては、1円未満の端数を切り捨てる。
　　　2　事業の区分ごとの計算がこの計算表に記載しきれないときは、この計算表を複数枚使用し、事業の区分ごとに①～⑦欄を適宜計算した上で、いずれか1枚の計算表に⑥及び⑦欄の合計額を記載する。

2．小売等軽減仕入割合の代わりに50%を使用する場合

⑴　作成手順

【5-⑵号様式の説明】

　　1．課税期間と適用対象期間を記入します

　　2．小売等軽減仕入割合として50%を記入します

⑵　記載例

手順1　課税期間と適用対象期間の記入

　参考1と同様です。説明は省略します。

手順2　小売等軽減仕入割合の記入

　①～⑤の欄には何も記入せず，「⑥小売等軽減仕入割合」に「50%」と記入します。

以降の計算及び記載は参考1と同じなので説明は省略します。

第5-（2）号様式

課税資産の譲渡等の対価の額の計算表　〔小売等軽減仕入割合を使用する課税期間用〕　　売上区分用

　軽減対象資産の譲渡等（税率6.24%適用分）を行う事業者が、適用対象期間中に国内において行った卸売業及び小売業に係る課税資産の譲渡等（免税取引及び旧税率（6.3%等）が適用される取引は除く。）の税込価額を税率の異なるごとに区分して合計することにつき困難な事情があるときは、この計算表を使用して計算をすることができます（所得税法等の一部を改正する法律（平成28年法律第15号）附則38②）。
　以下の①〜⑬欄に、当該適用対象期間中に行った取引について記載してください。

手順1

課　税　期　間	31・1・1 〜 1・12・31	氏 名 又 は 名 称	中央第四社
適 用 対 象 期 間	1・10・1 〜 1・12・31		

			事 業 の 区 分 ご と の 計 算		
			（　卸・小売業　）	（　　　　）	合　　計
卸売業及び小売業に係る課税取引	課税仕入れに係る支払対価の額（税込み）	①	円	円	
	特定課税仕入れに係る支払対価の額×$\frac{110}{100}$〔経過措置により旧税率が適用される場合は×$\frac{108}{100}$〕	②			
	保税地域から引き取った課税貨物に係る税込引取価額	③			
	課税仕入れに係る支払対価の額等の合計額（①＋②＋③）	④			
	④のうち、軽減対象資産の譲渡等（税率6.24%適用分）にのみ要するものの金額（税込み）	⑤			
	小 売 等 軽 減 仕 入 割 合 $\left(\frac{⑤}{④}\right)$（※1）	⑥	〔 50 %〕 ※端数切捨て **手順2** 〔 %〕 ※端数切捨て		
	課税資産の譲渡等の税込価額の合計額	⑦	円 16,170,000	円	
	軽減対象資産の譲渡等（税率6.24%適用分）の対価の額の合計額（税抜き）$\left(⑦×\frac{⑤}{④}×\frac{100}{108}\right)$（※1）	⑧	7,486,111		円 7,486,111
	軽減対象資産の譲渡等以外の課税資産の譲渡等（税率7.8%適用分）の対価の額の合計額（税抜き）$\left[\left(⑦-\left(⑦×\frac{⑤}{④}\right)\right)\right]×\frac{100}{110}$（※1）	⑨	7,349,999		7,349,999

（※1）　主として軽減対象資産の譲渡等（税率6.24%適用分）を行う事業者が、小売等軽減仕入割合の算出につき困難な事情があるときは、「50／100」を当該割合とみなして計算することができる。その場合は、①〜⑤欄は記載せず、⑥欄に50と記載し、⑧及び⑨欄の金額の計算において、「⑤／④」を「50／100」として計算する。

卸の売業事業及びに係小る売課業税以取外引の	軽減対象資産の譲渡等（税率6.24%適用分）の対価の額の合計額（税抜き）	⑩		円 1,000,000	
	軽減対象資産の譲渡等以外の課税資産の譲渡等（税率7.8%適用分）の対価の額の合計額（税抜き）	⑪			

全事業に係る課税取引	軽減対象資産の譲渡等（税率6.24%適用分）の対価の額の合計額（税抜き）（⑧合計＋⑩）	⑫		※付表1-1の①-1D欄へ 8,486,111	円
	軽減対象資産の譲渡等以外の課税資産の譲渡等（税率7.8%適用分）の対価の額の合計額（税抜き）（⑨合計＋⑪）	⑬		※付表1-1の①-1E欄へ 7,349,999	

注意　1　金額の計算においては、1円未満の端数を切り捨てる。
　　　2　事業の区分ごとの計算がこの計算表に記載しきれないときは、この計算表を複数枚使用し、事業の区分ごとに①〜⑨欄を適宜計算した上で、いずれか1枚の計算表に⑧及び⑨欄の合計額を記載する。

＜参考3　仕入れに対する特例で小売等軽減売上割合を使用する場合＞

　課税仕入れを税率ごとに区分することができない事業者についても特例が設けられています。卸売業・小売業を営み，売上を税率ごとに区分できる中小事業者に対する，「小売等軽減売上割合」を使用する特例です。

　仕入れに対する特例を適用する場面について，もう一度，消費税申告書作成の流れを確認してみます。

(1)　売上高の集計

(2)　課税売上割合の計算

(3)　仕入高の集計

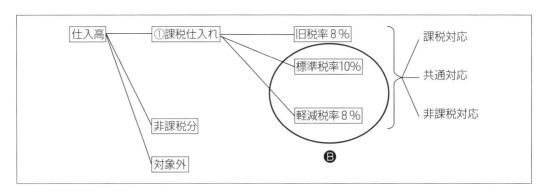

(4)　差引消費税額の計算

　仕入れに対する特例とは，(3)の仕入高を集計する際において，軽減税率が適用される課税仕入れか，標準税率の課税仕入れかが区分されていない場合（図中の❸）に適用するものです。したがって，それ以外の(1)売上高の集計や(2)課税売上割合の計算，(4)以下の消費税額の計算については，仕入れに対する特例を適用してもしなくても，計算の手順は同じということになります。

　仕入れの特例を適用した計算結果とは，税率ごとに区分した課税仕入れに係る消費税額ですので，付表2－1の⑮欄に転記します。

　それでは，小売等軽減売上割合を適用する場合の計算表，付表の作成についてみてみましょう。

参考3　設定
作成例4の事業者の売上と仕入れが次のようであったとします

表5　売上の集計表（税込）

	9月まで	10月以降	
	旧税率8％	軽減8％	10%
卸売		精肉卸　540万円	生きたまま転売する鶏 77万円
小売	3,240万円	精肉小売　1,080万円	雑貨小売　110万円
製造		コロッケ製造販売 108万円	

卸・小売　全体の課税売上の合計　1,807万円　うち軽減対象の売上1,620万円

表6　仕入の集計表（税込）

	9月まで	10月以降		
	旧税率8％	軽減8％	不明	10%
卸売			精肉卸・小売 1,600万円	水道光熱費，消耗品等の課税仕入 220万円
小売	2,916万円			
製造		コロッケ製造販売 54万円		

I 基本編

II 実例編

II 1（個人）寿司屋

II 2（個人）賃貸農業と不動産

II 3（法人）雑貨と食品

II 4 参考3 精肉店（法人）

III 廃業手続編

1．小売等軽減売上割合を使用する場合の作成手順

　1．税区分・事業の区分ごとに売上と仕入れを集計し，課税期間，適用対象期間を記入します

【第5-(3)号様式の説明】

　2．課税売上の合計額の記入

　3．軽減対象の課税売上高を記入します

　4．小売等軽減売上割合を計算します

　5．税率ごとの区分ができていない課税仕入れの額を記入します

　6．軽減対象の課税仕入れ等に係る消費税額を計算します

　7．標準税率の課税仕入れに係る消費税額を計算します

　8．卸売業及び小売業以外の事業に係る取引を記入します

　9．課税仕入れに係る消費税額を計算します

　10．全事業に係る課税仕入れ等の税額を計算します

【付表2-1に転記】

　11．税率ごとの課税仕入れ等の税額を付表2-1に転記します

【第二表に転記】

　12．右上，税額の特例計算欄に○をつけます

2．記載例

手順1　税率・事業の区分ごとの売上と仕入れの集計，課税期間，適用対象期間の記入

　税率引上げを境として，令和1年9月30日までと，令和1年10月1日からの課税仕入れを，税率ごと，事業ごとに区分して集計します。税率を区分できない仕入れについては，やむを得ずまとめて集計しておきます。

　小売等軽減売上割合を適用する事業者は，売上については税率ごとに区分できている前提ですので，課税売上も税率ごとに集計しておきます。

　第5-(1)号様式，第5-(2)号様式同様，課税期間」「適用対象期間」を記載します。

手順2 から **手順7** では「小売等軽減売上割合」を計算します。

手順2　課税売上の合計額の記入

　まず，課税売上高の合計額を，「①課税資産の譲渡等の税込価額の合計額」に税込みで記入します。

手順3　軽減対象の課税売上高の記入

　次に，軽減対象の課税売上高を，「②軽減対象資産の譲渡等（税率6.4％適用分）の税込価額の合計額」に税込で記入します。

手順4　小売等軽減売上割合の計算

　軽減対象の課税売上高を全体の課税売上高で割ることによって，小売等軽減売上割合を求めます。

　「②軽減対象資産の譲渡等（税率6.24%適用分）の税込価額の合計額」÷「①課税資産の譲渡等の税込価額の合計額」を計算して，「③小売等軽減売上割合」に記入します。

　小数点以下は切り捨てます。

手順5　税率ごとの区分ができていない課税仕入れの額を記入

　税率ごとの区分ができていない課税仕入れの金額を，「④課税仕入れに係る支払対価の額」に税込みで記入します。

　本事例では保税地域から引き取った課税貨物はありませんから，「⑥課税仕入れに係る支払対価の額等の合計額」に「④課税仕入れに係る支払対価の額」の金額を記入します。

手順6　軽減対象の課税仕入れ等に係る消費税額の計算

　⑥の税率ごとの区分ができていない課税仕入れ等の金額に，小売等軽減売上割合を乗ずることによって，軽減対象の課税仕入れの金額を計算し，そのうち，消費税相当額を計算して記載します。

　「⑥課税仕入れに係る支払対価の額等の合計額」×「②軽減対象資産の譲渡等（税率6.24%適用分）の税込価額の合計額」÷「①課税資産の譲渡等の税込価額の合計額」×（6.24÷108）を計算して「⑦軽減対象資産に係る課税仕入れ等（税率6.24%適用分）の税額」に記入します。

　小数点以下は切り捨てます。複数の事業を営んでいる事業者の場合は，事業の区分ごとの金額を合計して，合計欄に記入します。

手順7　標準税率の課税仕入れに係る消費税額の計算

　⑥の税率ごとの区分ができていない課税仕入れ等の金額から，軽減対象の課税仕入れの金額をマイナスすることによって，標準税率の課税仕入れの金額を求め，そのうち，消費税相当額を計算して記載します。

　「⑥課税仕入れに係る支払対価の額等の合計額」－（「⑥課税仕入れに係る支払対価の額等の合計額」×「②軽減対象資産の譲渡等（税率6.24%適用分）の税込価額の合計額」÷「①課税資産の譲渡等の税込価額の合計額」）×（7.8÷110）を計算して，「⑧軽減対象資産に係る課税仕入れ等以外の課税仕入れ等（税率7.8%適用分）の税額」に記入します。

　小数点以下は切り捨てます。複数の事業を営んでいる事業者の場合には，事業ごとの金額を合計して，合計欄に記入します。

手順8 と **手順9** は，卸売業・小売業以外の事業に係る課税取引について記載します。

手順8　卸売業及び小売業以外の事業に係る取引の記入

⑪欄から⑰欄では，縦のイ列は軽減税率対象，ロ列は標準税率対象に使用します。

卸売業・小売業以外に係る課税仕入れ等の対価の額を，「⑪課税仕入れに係る支払対価の額（税込み）」に記載します。

手順9　課税仕入れに係る消費税額の計算

特例の適用がない卸売業・小売業以外の事業に係る課税仕入れについて，消費税額を税率ごとに計算します。

「⑪課税仕入れに係る支払対価の額　税率6.24％適用分（イ）」×（6.24÷108）を計算して「⑫課税仕入れに係る消費税額　税率6.24％適用分（イ）」に，「⑪課税仕入れに係る支払対価の額　税率7.8％適用分（ロ）」×（7.8÷110）を計算して「⑫課税仕入れに係る消費税額　税率7.8％適用分（ロ）」記入します。

本事例では特定課税仕入れ・保税地域から引き取った課税貨物はありませんから，「⑰課税仕入れ等の税額の合計額」に「⑫課税仕入れに係る消費税額」の金額を記入します。

手順10　全事業に係る課税仕入れ等の税額の計算

⑦⑧に記載した小売業・卸売業の課税仕入れに係る消費税額と，⑰イ，ロに記載した，卸売業・小売業以外の課税仕入れに係る消費税額を合計して，全事業に係る課税仕入れ等の税額を計算します。

「⑦軽減対象資産に係る課税仕入れ等（税率6.24％適用分）の税額」の合計＋「⑰課税仕入れ等の税額の合計額　税率6.24％適用分（イ）」を計算して「⑲軽減対象資産に係る課税仕入れ等（税率6.24％適用分）の税額の合計額」に，「⑧軽減対象資産に係る課税仕入れ等以外の課税仕入れ等（税率7.8％適用分）の税額」の合計＋「⑰課税仕入れ等の税額の合計額　税率7.8％適用分（ロ）」を計算して「⑳軽減対象資産に係る課税仕入れ等以外の課税仕入れ等（税率7.8％適用分）の税額の合計額」に記入します。

手順11　付表2－1に転記

小売等軽減売上割合を適用して求めた計算結果とは，税率ごとに区分した課税仕入れ等の税額ということになりますので，付表2－1に転記します。

付表2－1の「⑮課税仕入れ等の税額の合計額」に税区分ごとに「⑲全事業に係る課税取引　軽減対象資産に係る課税仕入れ等（税率6.24％適用分）の税額の合計額」と「⑳全事業に係る課税取引　軽減対象資産に係る課税仕入れ等以外の課税仕入れ等（税率7.8％適用分）の税額の合計額」を転記します。

税区分ごとの合計を「合計F」に記入します。

第5−（3）号様式

課税仕入れ等の税額の計算表 〔小売等軽減売上割合を使用する課税期間用〕 〔仕入区分用〕

軽減対象資産の譲渡等（税率6.24%適用分）を行う事業者が、適用対象期間中に国内において行った卸売業及び小売業に係る課税仕入れに係る支払対価の額又は当該適用対象期間中に保税地域から引き取った課税貨物に係る税込引取価額を税率の異なるごとに区分して合計することにつき困難な事情があるときは、この計算表を使用して計算をすることができます（所得税法等の一部を改正する法律（平成28年法律第15号）附則39①）。
　以下の①〜⑧欄、⑪〜⑮欄及び⑰〜⑳欄には、当該適用対象期間中に行った取引について記載してください。

手順1

課　税　期　間	31・1・1 〜 1・12・31	氏 名 又 は 名 称	中央第四社
適 用 対 象 期 間	1・10・1 〜 1・12・31		

			事 業 の 区 分 ご と の 計 算		
			（　卸・小売業　）	（　　　　）	合　計
卸売業及び小売業に係る課税取引	課税資産の譲渡等（免税取引及び旧税率（6.3%等）が適用される取引は除く。）の税込価額の合計額	①	18,070,000 円 **手順2**	円	
	軽減対象資産の譲渡等（税率6.24%適用分）の税込価額の合計額	②	16,200,000 **手順3**		
	小 売 等 軽 減 売 上 割 合 （②／①）	③	〔 89 %〕 ※端数切捨て **手順4**	〔 %〕 ※端数切捨て	
	課税仕入れに係る支払対価の額（税込み）	④	16,000,000 円	円	
	保税地域から引き取った課税貨物に係る税込引取価額	⑤	**手順5**		
	課税仕入れに係る支払対価の額等の合計額（④＋⑤）	⑥	16,000,000		
	軽減対象資産に係る課税仕入れ等（税率6.24%適用分）の税額（⑥×②／①×6.24／108）	⑦	828,776 **手順6**		828,776 円
	軽減対象資産に係る課税仕入れ等以外の課税仕入れ等（税率7.8%適用分）の税額（〔⑥−（⑥×②／①）〕×7.8／110）	⑧	117,410 **手順7**		117,410
	納税義務の免除を受けない（受ける）こととなった場合における消費税額の調整（加算又は減算）額	⑨	税率6.24%適用分 円	⑩ 税率7.8%適用分 円	

			税率6.24%適用分 イ	税率7.8%適用分 ロ	
卸売業及び小売業に係る課税取引以外の課税取引	課税仕入れに係る支払対価の額（税込み）（※1）	⑪	540,000 円 **手順8**	2,200,000 円	
	課税仕入れに係る消費税額	⑫	（⑪イ欄×6.24／108）31,199	（⑪ロ欄×7.8／110）155,999	
			※⑬及び⑭欄は、課税売上割合が95%未満で、かつ、特定課税仕入れがある事業者のみ記載する。		
	特定課税仕入れに係る支払対価の額	⑬			
	特定課税仕入れに係る消費税額	⑭		（⑬ロ欄×7.8／100）	
	課税貨物に係る消費税額	⑮		**手順9**	
	納税義務の免除を受けない（受ける）こととなった場合における消費税額の調整（加算又は減算）額	⑯			
	課税仕入れ等の税額の合計額（⑫＋⑭＋⑮±⑯）	⑰	31,199 **手順10**	⑱ 155,999	

（※1）　値引き、割戻し、割引きなど仕入対価の返還等の金額がある場合には、その金額を控除した後の金額を⑪欄に記載する。

手順10

全事業に係る課税取引	軽減対象資産に係る課税仕入れ等（税率6.24%適用分）の税額の合計額（⑦合計±⑨＋⑰）	⑲	※付表2-1の⑮D欄へ 859,975	円
	軽減対象資産に係る課税仕入れ等以外の課税仕入れ等（税率7.8%適用分）の税額の合計額（⑧合計±⑩＋⑱）	⑳	※付表2-1の⑮E欄へ 273,409	

注意　1　金額の計算においては、1円未満の端数を切り捨てる。
　　　2　事業の区分ごとの計算がこの計算表に記載しきれないときは、この計算表を複数枚使用し、事業の区分ごとに①〜⑧欄を適宜計算した上で、いずれか1枚の計算表に⑦及び⑧欄の合計額を記載する。

I 基本編　II 実例編　II 1（個人）寿司屋　II 2 賃貸（個人）農業と不動産　II 3（法人）雑貨と食品　II 4 参考3 精肉店（法人）　III 廃業手続編

第4−(2)号様式

付表2−1 課税売上割合・控除対象仕入税額等の計算表

一般

課税期間	31・1・1 ～ 1・12・31	氏名又は名称	中央第四社

項目		旧税率分小計 X	税率6.24%適用分 D	税率7.8%適用分 E	合計 F (X+D+E)
課税売上額(税抜き)	①	(付表2-2の①X欄の金額) 円 30,000,000	円 16,000,000	円 1,700,000	円 47,700,000
免税売上額	②				
非課税資産の輸出等の金額、海外支店等へ移送した資産の価額	③				
課税資産の譲渡等の対価の額(①+②+③)	④				※第一表の⑮欄へ ※付表2-2の④X欄へ 47,700,000
課税資産の譲渡等の対価の額(④の金額)	⑤				47,700,000
非課税売上額	⑥				
資産の譲渡等の対価の額(⑤+⑥)	⑦				※第一表の⑯欄へ ※付表2-2の⑦X欄へ 47,700,000
課税売上割合(④/⑦)	⑧				※付表2-2の⑧X欄へ [100.0 %] ※端数切捨て
課税仕入れに係る支払対価の額(税込み)	⑨	(付表2-2の⑨X欄の金額) 29,160,000			
課税仕入れに係る消費税額	⑩	(付表2-2の⑩X欄の金額) 1,700,999	(⑨D欄×6.24/108)	(⑨E欄×7.8/110)	
特定課税仕入れに係る支払対価の額	⑪	(付表2-2の⑪X欄の金額)	※⑪及び⑫欄は、課税売上割合が95%未満、かつ、特定課税仕入れがある事業者のみ記載する。		
特定課税仕入れに係る消費税額	⑫	(付表2-2の⑫X欄の金額)		(⑪E欄×7.8/100)	
課税貨物に係る消費税額	⑬	(付表2-2の⑬X欄の金額)			
納税義務の免除を受けない(受ける)こととなった場合における消費税額の調整(加算又は減算)額	⑭	(付表2-2の⑭X欄の金額)			
課税仕入れ等の税額の合計額(⑩+⑫+⑬±⑭)	⑮	(付表2-2の⑮X欄の金額) 1,700,999	859,975	273,409	2,834,383
課税売上高が5億円以下、かつ、課税売上割合が95%以上の場合(⑮の金額)	⑯	(付表2-2の⑯X欄の金額) 1,700,999	859,975	273,409	2,834,383
課税売上高が5億円超又は課税売上割合が95%未満の場合 個別対応方式 ⑮のうち、課税売上げにのみ要するもの	⑰	(付表2-2の⑰X欄の金額)			
個別対応方式 ⑮のうち、課税売上げと非課税売上げに共通して要するもの	⑱	(付表2-2の⑱X欄の金額)			
個別対応方式 個別対応方式により控除する課税仕入れ等の税額〔⑰+(⑱×④/⑦)〕	⑲	(付表2-2の⑲X欄の金額)			
一括比例配分方式により控除する課税仕入れ等の税額(⑮×④/⑦)	⑳	(付表2-2の⑳X欄の金額)			
控除税額の調整 課税売上割合変動時の調整対象固定資産に係る消費税額の調整(加算又は減算)額	㉑	(付表2-2の㉑X欄の金額)			
控除税額の調整 調整対象固定資産を課税業務用(非課税業務用)に転用した場合の調整(加算又は減算)額	㉒	(付表2-2の㉒X欄の金額)			
差引 控除対象仕入税額〔(⑯、⑲又は⑳の金額)±㉑±㉒〕がプラスの時	㉓	(付表2-2の㉓X欄の金額) 1,700,999	※付表1-1の④D欄へ 859,975	※付表1-1の④E欄へ 273,409	2,834,383
差引 控除過大調整税額〔(⑯、⑲又は⑳の金額)±㉑±㉒〕がマイナスの時	㉔	(付表2-2の㉔X欄の金額)	※付表1-1の③D欄へ	※付表1-1の③E欄へ	
貸倒回収に係る消費税額	㉕	(付表2-2の㉕X欄の金額)	※付表1-1の③D欄へ	※付表1-1の③E欄へ	

注意 1 金額の計算においては、1円未満の端数を切り捨てる。
2 旧税率が適用された取引がある場合は、付表2-2を作成してから当該付表を作成する。
3 ⑨及び⑪欄には、値引き、割戻し、割引きなど仕入対価の返還等の金額がある場合(仕入対価の返還等の金額を仕入金額から直接減額している場合を除く。)には、その金額を控除した後の金額を記載する。

手順11

付表2−2

一般

中央第四社

	税率6.3%適用分 C	旧税率分小計X (A+B+C)
①	円 30,000,000	※付表2-1の①X欄へ 円 30,000,000
②		
③		
④		(付表2-1の④F欄の金額) 47,700,000
⑤		
⑥		
⑦		(付表2-1の⑦F欄の金額) 47,700,000
⑧		(付表2-1の⑧F欄の割合) [100.0 %] ※端数切捨て
⑨	29,160,000	※付表2-1の⑨X欄へ 29,160,000
⑩	(⑨C欄×6.3/108) 1,700,999	※付表2-1の⑩X欄へ 1,700,999
⑪		※付表2-1の⑪X欄へ
⑫	(⑪C欄×6.3/100)	※付表2-1の⑫X欄へ
⑬		※付表2-1の⑬X欄へ
⑭		※付表2-1の⑭X欄へ
⑮	1,700,999	※付表2-1の⑮X欄へ 1,700,999
⑯	1,700,999	※付表2-1の⑯X欄へ 1,700,999
⑰		※付表2-1の⑰X欄へ
⑱		※付表2-1の⑱X欄へ
⑲		※付表2-1の⑲X欄へ

項目		A	B	C	X
課税売上高が5億円超又は課税売上割合が95%未満の場合 …等の税額〔⑰+(⑱×④/⑦)〕	⑲				
一括比例配分方式により控除する課税仕入れ等の税額(⑮×④/⑦)	⑳				※付表2-1の⑳X欄へ
控除税額の調整 課税売上割合変動時の調整対象固定資産に係る消費税額の調整(加算又は減算)額	㉑				※付表2-1の㉑X欄へ
控除税額の調整 調整対象固定資産を課税業務用(非課税業務用)に転用した場合の調整(加算又は減算)額	㉒				※付表2-1の㉒X欄へ
差引 控除対象仕入税額〔(⑯、⑲又は⑳の金額)±㉑±㉒〕がプラスの時	㉓	※付表1-2の④A欄へ	※付表1-2の④B欄へ	※付表1-2の④C欄へ 1,700,999	※付表2-1の㉓X欄へ 1,700,999
差引 控除過大調整税額〔(⑯、⑲又は⑳の金額)±㉑±㉒〕がマイナスの時	㉔	※付表1-2の③A欄へ	※付表1-2の③B欄へ	※付表1-2の③C欄へ	※付表2-1の㉔X欄へ
貸倒回収に係る消費税額	㉕	※付表1-2の③A欄へ	※付表1-2の③B欄へ	※付表1-2の③C欄へ	※付表2-1の㉕X欄へ

注意 1 金額の計算においては、1円未満の端数を切り捨てる。
2 旧税率が適用された取引がある場合は、当該付表を作成してから付表2-1を作成する。
3 ④、⑦及び⑧のX欄は、付表2-1のF欄を計算した後に記載する。
4 ⑨及び⑪欄には、値引き、割戻し、割引きなど仕入対価の返還等の金額がある場合(仕入対価の返還等の金額を仕入金額から直接減額している場合を除く。)には、その金額を控除した後の金額を記載する。

第4－（1）号様式

付表1－1　税率別消費税額計算表　兼　地方消費税の課税標準となる消費税額計算表　｜一般｜

課税期間	31・1・1 ～	1・12・31	氏名又は名称	中央第四社

区　分		旧税率分小計 X	税率6.24%適用分 D	税率7.8%適用分 E	合　計　F (X＋D＋E)
課税標準額	①	(付表1-2の①X欄の金額) 円 30,000,000	円 16,000,000	円 1,700,000	※第二表の①欄へ 円 47,700,000
①の内訳	課税資産の譲渡等の対価の額 ①-1	(付表1-2の①-1X欄の金額) 30,000,000	※第二表の⑤欄へ 16,000,000	※第二表の⑥欄へ 1,700,000	※第二表の⑦欄へ 47,700,000
	特定課税仕入れに係る支払対価の額 ①-2	(付表1-2の①-2X欄の金額)	※①-2欄は、課税売上割合が95%未満、かつ、特定課税仕入れがある事業者のみ記載する。	※第二表の⑧欄へ	※第二表の⑨欄へ
消費税額	②	(付表1-2の②X欄の金額) 1,890,000	※第二表の⑮欄へ 998,400	※第二表の⑯欄へ 132,600	※第二表の⑪欄へ 3,021,000
控除過大調整税額	③	(付表1-2の③X欄の金額)	(付表2-1の㉕・㉖D欄の合計金額)	(付表2-1の㉕・㉖E欄の合計金額)	※第一表の③欄へ
控除税額	控除対象仕入税額 ④	(付表1-2の④X欄の金額) 1,700,999	(付表2-1の㉕D欄の金額) 859,975	(付表2-1の㉕E欄の金額) 273,409	※第一表の④欄へ 2,834,383
	返還等対価に係る税額 ⑤	(付表1-2の⑤X欄の金額)			※第二表の⑰欄へ
	⑤の内訳 売上げの返還等対価に係る税額 ⑤-1	(付表1-2の⑤-1X欄の金額)			※第二表の⑱欄へ
	特定課税仕入れの返還等対価に係る税額 ⑤-2	(付表1-2の⑤-2X欄の金額)	※⑤-2欄は、課税売上割合が95%未満、かつ、特定課税仕入れがある事業者のみ記載する。		※第二表の⑲欄へ
	貸倒れに係る税額 ⑥	(付表1-2の⑥X欄の金額)			※第一表の⑥欄へ
	控除税額小計 (④+⑤+⑥) ⑦	(付表1-2の⑦X欄の金額) 1,700,999	859,975	273,409	※第一表の⑦欄へ 2,834,383
控除不足還付税額 (⑦-②-③) ⑧		(付表1-2の⑧X欄の金額)	※⑪E欄へ	※⑪E欄へ 140,809	140,809
差引税額 (②+③-⑦) ⑨		(付表1-2の⑨X欄の金額) 189,001	※⑫E欄へ 138,425	※⑫E欄へ	327,426
合計差引税額 (⑨-⑧) ⑩					※マイナスの場合は第一表の⑧欄へ ※プラスの場合は第一表の⑨欄へ 186,617
地方消費税の課税標準となる消費税額	控除不足還付税額 ⑪	(付表1-2の⑪X欄の金額)		(⑧D欄と⑧E欄の合計金額) 140,809	140,809
	差引税額 ⑫	(付表1-2の⑫X欄の金額) 189,001		(⑨D欄と⑨E欄の合計金額) 138,425	327,426
合計差引地方消費税の課税標準となる消費税額 (⑫-⑪) ⑬		(付表1-2の⑬X欄の金額) 189,001		※第二表の㉚欄へ △2,384	※マイナスの場合は第一表の⑰欄へ ※プラスの場合は第一表の⑱欄へ ※第二表の㉚欄へ 186,617
譲渡割額	還付額 ⑭	(付表1-2の⑭X欄の金額)		(⑪E欄×22/78) 39,715	39,715
	納税額 ⑮	(付表1-2の⑮X欄の金額) 51,000		(⑫E欄×22/78) 39,042	90,042
合計差引譲渡割額 (⑮-⑭) ⑯					※マイナスの場合は第一表の㉑欄へ ※プラスの場合は第一表の㉒欄へ 50,327

注意　1　金額の計算においては、1円未満の端数を切り捨てる。
　　　2　旧税率が適用された取引がある場合は、付表1-2を作成してから当該付表を作成する。

付表1－2

[経過措置対象課税資産の譲渡等を含む課税期間用]　｜一般｜

氏名又は名称	中央第四社

税率6.3%適用分 C	旧税率分小計 X (A＋B＋C)
円 30,000,000	※付表1-1の①X欄へ 円 30,000,000
※第二表の④欄へ 30,000,000	※付表1-1の①-1X欄へ 30,000,000
※第二表の⑧欄へ	※付表1-1の①-2X欄へ
※第二表の⑭欄へ 1,890,000	※付表1-1の②X欄へ 1,890,000
(付表2-2の㉕・㉖C欄の合計金額)	※付表1-1の③X欄へ
(付表2-2の㉕C欄の金額) 1,700,999	※付表1-1の④X欄へ 1,700,999
	※付表1-1の⑤X欄へ
	※付表1-1の⑤-1X欄へ
	※付表1-1の⑤-2X欄へ
	※付表1-1の⑥X欄へ
1,700,999	※付表1-1の⑦X欄へ 1,700,999
※⑪C欄へ	※付表1-1の⑧X欄へ
※⑫C欄へ 189,001	※付表1-1の⑨X欄へ 189,001
(⑧B欄の金額)	(⑧C欄の金額) ※付表1-1の⑪X欄へ
(⑨B欄の金額)	(⑨C欄の金額) 189,001	※付表1-1の⑫X欄へ 189,001
※第二表の㉚欄へ 189,001	※付表1-1の⑬X欄へ 189,001
(⑪B欄×25/100)	(⑪C欄×17/63) ※付表1-1の⑭X欄へ
(⑫B欄×25/100)	(⑫C欄×17/63) 51,000	※付表1-1の⑮X欄へ 51,000

注意　1　金額の計算においては、1円未満の端数を切り捨てる。
　　　2　旧税率が適用された取引がある場合は、当該付表を作成してから付表1-1を作成する。

I 基本編　II 実例編　II 1（個人）寿司屋　II 2 賃貸（個人）農業と不動産　II 3（法人）雑貨と食品　II 4 精肉店（法人）参考3　III 廃業手続編

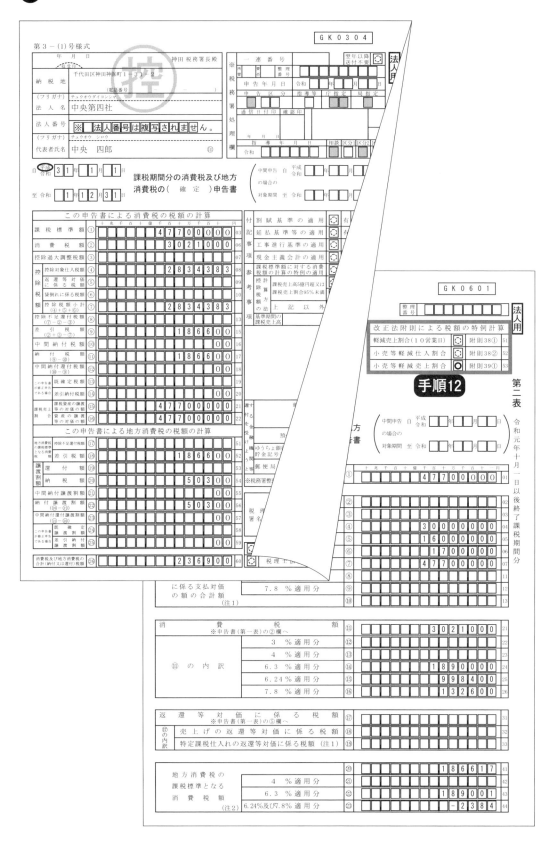

手順12　第二表の記載

　本事例では特例計算を適用していますので，第二表の右上にある「改正法附則による税額の特例計算」の「小売等軽減売上割合」に「〇」をつけます。

以下の手順は，特例を適用しない通常の申告書の作成方法と同じなので説明は省略します。

I　基本編

II　実例編

II　1（個人）寿司屋

II　2　賃貸（個人）農業と不動産

II　3（法人）雑貨と食品

II　4　参考3　精肉店（法人）

III　廃業手続編

Ⅲ 個人事業者廃業手続編

　ここでは個人事業者の廃業をする際に必要な手続きや注意点を，所得税および消費税について解説します。

　廃業にあたって最も注意すべき点は，事業用資産である車や不動産に対する，消費税の「みなし譲渡」です。みなし譲渡の計上漏れによって，廃業後に指摘されることのないよう，申告・手続きを適正に行う必要があります。

Ⅰ. 所得税の廃業手続と届出書

1. 届出書の提出

　はじめに，個人事業を廃止した場合に，所得税法において提出が定められている書類について説明します。主なものとして，①個人事業の開業・廃業等届出書，②所得税の青色申告の取りやめ届出書，③給与支払事務所等の開設・移転・廃止届出書の3種類が挙げられます。

⑴　個人事業の開業・廃業等届出書

　個人事業を廃止したとき，事業の廃止の事実があった日から1ヶ月以内に納税地を所轄する税務署長に提出します。

　なお，死亡による廃業の場合は死亡の日から4ヶ月以内です。

税務署受付印

| | 1 | 0 | 4 | 0 |

個人事業の開業・廃業等届出書

_____ 税務署長

_____年_____月_____日提出

納 税 地	○住所地・○居所地・○事業所等(該当するものを選択してください。) (〒 -) (TEL - -)
上記以外の 住 所 地 ・ 事 業 所 等	納税地以外に住所地・事業所等がある場合は記載します。 (〒 -) (TEL - -)

フ リ ガ ナ 氏　　　名　　　　　　　　　　　㊞	生年月日	○大正 ○昭和 ○平成 ○令和　　年　月　日生

個 人 番 号													

職　　　業		フリガナ	
		屋　号	

個人事業の開廃業等について次のとおり届けます。

届 出 の 区 分	○開業(事業の引継ぎを受けた場合は、受けた先の住所・氏名を記載します。) 　　住所　　　　　　　　　　　　　　　　　　　氏名 　事務所・事業所の(○新設・○増設・○移転・○廃止) ○廃業(事由) 　(事業の引継ぎ(譲渡)による場合は、引き継いだ(譲渡した)先の住所・氏名を記載します。) 　　住所　　　　　　　　　　　　　　　　　　　氏名
所 得 の 種 類	○不動産所得・○山林所得・○事業(農業)所得〔廃業の場合……○全部・○一部(　　　　　　　　)〕
開業・廃業等日	開業や廃業、事務所・事業所の新増設等のあった日　平成　　年　　月　　日
事 業 所 等 を 新増設、移転、 廃 止 し た 場 合	新増設、移転後の所在地　　　　　　　　　　　　　　　　　　　(電話) 移転・廃止前の所在地
廃業の事由が法 人の設立に伴う ものである場合	設 立 法 人 名　　　　　　　　　　　　　代表者名 法 人 納 税 地　　　　　　　　　　　　　　　　設立登記　平成　年　　月　　日
開業・廃業に伴 う届出書の提出 の 有 無	「青色申告承認申請書」又は「青色申告の取りやめ届出書」　　　　　○有・○無 消費税に関する「課税事業者選択届出書」又は「事業廃止届出書」　　○有・○無
事 業 の 概 要 できるだけ具体 的に記載します。	

給 与 等 の 支 払 の 状 況	区　分	従事員数	給与の定め方	税額の有無	そ の 他 参 考 事 項
	専 従 者	人		○有・○無	
	使 用 人			○有・○無	
				○有・○無	
	計				

源泉所得税の納期の特例の承認に関する申請書の 提出の有無	○有・○無	給与支払を開始する年月日	平成　年　　月　　日

関与税理士 (TEL - -)	税 務 署 整 理 欄	整 理 番 号	関係部門 連絡	A	B	C	番号確認	身元確認

税
務
署
整
理
欄

整 理 番 号	関係部門 連絡	A	B	C	番号確認	身元確認
0						□ 済 □ 未済
源泉用紙 交　付	通信日付印の年月日	確認印	確認書類 個人番号カード/通知カード・運転免許証 その他(　　　　　　　　　)			
	年　　月　　日					

I 基本編

II 実例編

II-1(個人)寿司屋

II-2賃貸(個人)農業と不動産

II-3(法人)雑貨と食品

II-4(法人)精肉店

III 廃業手続編

(2)　所得税の青色申告の取りやめ届出書

　青色申告の承認を受けている事業者は，青色申告の取りやめ届出書を提出する必要があります。この届出書の提出期限は，青色申告を取りやめようとする年の翌年３月15日までです。

税務署受付印			1	1	1	0

所得税の青色申告の取りやめ届出書

	納　税　地	○住所地・○居所地・○事業所等(該当するものを選択してください。) (〒　　－　　) (TEL　　－　　－　　)		
＿＿＿＿＿＿税務署長	上記以外の住所地・事業所等	納税地以外に住所地・事業所等がある場合は記載します。 (〒　　－　　) (TEL　　－　　－　　)		
＿＿年＿＿月＿＿日提出	フリガナ		生年月日	○大正 ○昭和 ○平成 ○令和　　年　月　日生
	氏　　名　　㊞			
	職　　業	フリガナ 屋　号		

　令和＿＿年分の所得税から、青色申告書による申告を取りやめることとしたので届けます。

1　青色申告書提出の承認を受けていた年分

　　　＿＿年分から平成　　＿＿年分まで

2　青色申告書を取りやめようとする理由（できるだけ詳しく記載します。）

3　その他参考事項

関与税理士 (TEL　－　－)	税務署整理欄	整理番号	関係部門連絡	A	B	C
		0				
		通信日付印の年月日　確認印				
		年　　月　　日				

(3) 給与支払事務所等の開設・移転・廃止届出書

　専従者や従業員に給与を支払っている場合には，給与支払事務所等を廃止した日から1ヶ月以内に，所轄税務署長に対し「給与支払事務所等の開設・移転・廃止届出書」を提出します。

※整理番号 _____

給与支払事務所等の開設・移転・廃止届出書

（税務署受付印）		事務所開設者	住所又は本店所在地	〒 電話（　　　）　　－
令和　年　月　日			（フリガナ） 氏名又は名称	
税務署長殿			個人番号又は法人番号	↓個人番号の記載に当たっては、左端を空欄とし、ここから記載してください。
所得税法第230条の規定により次のとおり届け出ます。			（フリガナ） 代表者氏名	㊞

　（注）　「住所又は本店所在地」欄については、個人の方については申告所得税の納税地、法人については本店所在地（外国法人の場合には国外の本店所在地）を記載してください。

開設・移転・廃止年月日	平成・令和　　年　　月　　日	給与支払を開始する年月日	平成・令和　　年　　月　　日

○届出の内容及び理由
（該当する事項のチェック欄□に✓印を付してください。）

「給与支払事務所等について」欄の記載事項

		開設・異動前	異動後
開設	□ 開業又は法人の設立		
	□ 上記以外 ※本店所在地等とは別の所在地に支店等を開設した場合	開設した支店等の所在地	
移転	□ 所在地の移転	移転前の所在地	移転後の所在地
	□ 既存の給与支払事務所等への引継ぎ （理由）□ 法人の合併　□ 法人の分割　□ 支店等の閉鎖 □ その他 （　　　　　　　　）	引継ぎをする前の給与支払事務所等	引継先の給与支払事務所等
廃止	□ 廃業又は清算結了　□ 休業		
その他（　　　　　　　　　　　）		異動前の事項	異動後の事項

○給与支払事務所等について

	開設・異動前	異動後
（フリガナ） 氏名又は名称		
住所又は所在地	〒 電話（　　　）　　－	〒 電話（　　　）　　－
（フリガナ） 責任者氏名		
従事員数　役員　　　人　従業員　　　人　（　　　）　人　（　　　）　人　（　　　）　人　計　　　人		
（その他参考事項）		

税理士署名押印		㊞

（規格A4）

※税務署処理欄	部門	決算期	業種番号	入力	名簿等	用紙交付	通信日付印	年月日	確認印
	番号確認	身元確認 □ 済 □ 未済	確認書類 個人番号カード／通知カード・運転免許証 その他（　　　）						

01.06 改正

２．確定申告

(1)　期　　限

　廃業があった場合の確定申告の期限は，通常と同じく，申告すべき年の翌年２月16日から３月15日までです。なお，死亡による廃業の場合は，相続の開始があった日から４ヶ月以内です。

(2)　事業を廃止した場合の必要経費の特例

①　必要経費の特例とは

　個人事業主が廃業をした場合，事務所や店舗の退去費用，固定資産の処分費，作業を手伝ってもらった人への支払いや税理士への確定申告料などが廃業後に発生する可能性があります。

　そこで所得税法は，廃業した年の確定申告において，廃業後に生ずると見込まれる費用を必要経費に算入できるよう，「事業を廃止した場合の必要経費の特例」を定めています（所法63）。

②　対象となる範囲

　事業を廃止した場合の必要経費の特例を受けられる条件は次のとおりです。

> 【対象者】不動産所得，事業所得又は山林所得を生ずべき事業を行っていた居住者が対象です。
> 【対象となる金額】その事業に係る費用または損失で，事業を廃止しなかったとしたならば，必要経費に算入されるべき金額であること。

　この特例は，今後発生することが確実視される費用を見込みで計上するというものですから，通常の事業を行っている場合に必要経費として認められるものよりも，狭い範囲に限定される傾向にあります。

　そこで，廃業後に発生した費用をできるだけ必要経費に算入するために，廃業の日を年末近くまで遅らせるという方法が考えられます。

　例えば，３月末で閉店する事業者の場合に，廃業の日を３月末日として４月以後に発生する費用を特例により計上するのではなく，３月末で店舗は閉店するが，片付けや事務処理等が終わった日として廃業の日は12月末であるとすれば，４月から12月にかかった費用は，特例の適用ではなく，原則にしたがって必要経費に算入することができるわけです。

③　事業税について

　一定の事業所得がある人には，個人事業税が課されますが，個人事業税は前年の所得に対して課税されるという特徴があります。事業を継続していれば，前年分の所得に対して課された事業税を，支払った年の経費に算入すればよいのですが，事業廃止の場合，廃業後に課された個人事業税について，必要経費に算入したくてもできません。

　実は，年の途中で事業を廃止した場合は，廃止の日から１ヶ月以内に個人事業税の申告をしなくてはならないとされています（死亡の場合は４ヶ月以内）。この申告をした場合には，廃業をした年に，前年分と当年分の２年分の個人事業税が課されるわけですから，当年分の事業税についても，廃業をした年の必要経費に算入することが可能になります。

　なお，廃業・死亡の場合の個人事業税の申告をしたことがない人は多いと思いますが，この期間内に所得税の確定申告を税務署にすれば，個人事業税の申告は不要となります。

　廃業から１ヶ月以内に事業税の申告をしなかった場合には，通常通り，翌年通知が来ます。しかし，事業税の申告が間に合わなかった場合や申告をしなかった場合でも，上述した「事業を廃止した場合の必要経費の特例」によって，個人事業税の見積額を，廃業した年の経費に算入できます。実際の事業税が見積額より多いときは更正の請求をすることで，過納となった税額の還付を受けることができます。逆に実際の事業税が見積額よりも少なかった場合には，修正申告が必要です。

(3)　廃業の場合の減価償却費の計上

　廃業があった場合の減価償却費の計上には少し注意が必要です。というのは，１月１日（または事業供用日）から廃業日までの減価償却費を，月割りで計上するからです。

(4)　固定資産・棚卸資産の処理

　個人事業主が事業の用に供していた固定資産や棚卸資産については，廃業後の使途によって所得税の取扱いが異なります。

　固定資産，棚卸資産等を廃棄した場合には，資産損失として廃棄した年の必要経費に算入します（所法51）。

　他者へ売却した場合は，譲渡所得の対象となります。

　事業主が廃業後に家事に使用する場合はどうなるでしょうか。所得税法では，家事に使用する場合には特段の処理は必要になりません。この点は消費税の取扱いと異なります（消費税の取扱いは☞130頁参照）。

3．予定納税の減額

　個人事業主が廃業した場合，廃業した年の所得によっては，翌年の予定納税が必要になりますが，廃業後は所得が下がることが予想されますので，廃業した年の所得をもとに予定納税額を計算すると，過大になる場合が考えられます。このような場合には，所得の見積額等を記載することによって，予定納税額の減額申請をすることが考えられます。

　予定納税は，予定納税基準額の３分の１の金額を，第１期分として７月１日から７月31日までに，第２期分として11月１日から11月30日までに納めることになっていますが，第１期分と第２期分の減額申請をする場合には，その年の７月１日から７月15日までに減額申請をする必要があります。第２期分のみの減額申請をする場合には，その年の11月１

日から11月15日までに提出することになります。

令和元年分所得税及び復興特別所得税の 予定納税額の7月（11月）減額申請書

11月減額申請の場合は「7月」の文字を抹消してください。

（税務署受付印）

_____ 税務署長

令和___年___月___日提出

住所 （又は事業所・事務所・居所など）	（〒　　　－　　　）		職業	
フリガナ 氏　名		㊞	電話 番号	

令和元年分の予定納税額について次のとおり減額の申請をします。

	通知を受けた金額	申　請　金　額
予定納税基準額又は申告納税見積額	円	円
予定納税額　第１期分		
予定納税額　第２期分		

○「通知を受けた金額」欄には、「令和元年分所得税及び復興特別所得税の予定納税額の通知書」に記載されている金額をそのまま書いてください。
　ただし、11月減額申請の場合で、既に７月減額申請により減額の承認があった方は、その「減額申請の承認通知書」から転記してください。
○「申請金額」欄には、下の「申告納税見積額等の計算書」で計算した「申告納税見積額（㊴の金額）」、「予定納税額（㊵、㊶の金額）」をそれぞれ書いてください。

1　減額申請の理由（該当する項目を〇で囲んでください。）
　　廃業　休業　失業　災害　盗難　横領　医療費　その他（業況不振、控除対象扶養親族・障害者等の増加など）
2　減額申請の具体的理由（例えば、「〇年〇月〇日に事業を法人組織とし、個人事業を廃止したため」というように書いてください。）

....
....
....

3　添付書類の名称（申告納税見積額の計算の基礎となった資料として添付する書類の名称を書いてください。）

(1)... (3)...
(2)... (4)...

申告納税見積額等の計算書（書き方は裏面を参照してください。）

			申請金額
令和元年分の所得金額の見積額	営業等・農業	①	円
	不　動　産	②	
	利　　　子	③	
	配　　　当	④	
	給　　　与	⑤	
	雑	⑥	
	総合譲渡・一時	⑦	
	合　　計	⑧	
		⑨	
		⑩	
所得から差し引かれる金額	雑　損　控　除	⑪	
	医療費（特例）控除	⑫	
	社会保険料控除 小規模企業共済等掛金	⑬	
	生命保険料控除	⑭	
	地震保険料控除	⑮	
	寄　附　金　控　除	⑯	
	障害者・寡婦 寡夫・勤労学生控除	⑰	
	配　偶　者　控　除	⑱	
	配偶者特別控除	⑲	
	扶　養　控　除	⑳	
	基　礎　控　除	㉑	380,000
	合　　計	㉒	

			申請金額
課税される所得金額 （㉒の金額を、まず⑧の金額から差し引き、引ききれないときは、⑨及び⑩の金額から差し引いて書いてください。）	⑧に対する金額	㉓	円
	⑨に対する金額	㉔	
	⑩に対する金額	㉕	
税額	上の㉓に対する税額	㉖	
	上の㉔に対する税額	㉗	
	上の㉕に対する税額	㉘	
	合　　計	㉙	
配当控除		㉚	
投資税額等の控除		㉚	
（特定増改築等） 住宅借入金等特別控除		㉛	
政党等寄附金等特別控除		㉜	
住宅耐震改修特別控除・住宅特定改修・ 認定住宅新築等特別税額控除		㉝	
差引所得税額（㉙－㉚－㉛－㉜－㉝） （赤字のときは0と書いてください。）		㉞	
災害減免額、所得に係る外国税額控除額		㉟	
所得税に係る源泉徴収税額 （源泉徴収税額×100/102.1）		㊱	
再差引所得税額（㉞－㉟－㊱） （赤字のときは0と書いてください。）		㊲	
㊲ × 2.1%		㊳	
申告納税見積額（㊲＋㊳） （15万円未満のときは0と書いてください。）		㊴	
予定納税額　第１期分		㊵	
予定納税額　第２期分		㊶	

（千円未満の端数は切り捨ててください。）

（百円未満の端数は切り捨ててください。）

（税理士　署名押印　電話番号）

裏面の１の⑭を読んでください。

㊞

ご注意
◎この申請書の提出期限は、原則として、７月減額申請の場合は**７月16日**、11月減額申請の場合は**11月15日**です。
◎予定納税額は**７月減額申請**と**11月減額申請**とでは計算のしかたが異なりますからご注意ください。
◎変動所得・臨時所得のある方は税務署にお尋ねください。

税務署整理欄	通信日付印の年月日	確認印	整理番号	青白区分	振替納税利用金融機関番号	一連番号
	年　月　日		0			

Ⅱ．消費税の廃業手続と届出書

1．届出書の提出

⑴　事業廃止届出書

　課税事業者である個人事業主が事業を廃止した場合には，「事業廃止届出書」を提出します。提出期限は特に定められておらず，提出すべき事由が生じた場合に速やかに提出することとされています。

第6号様式

事　業　廃　止　届　出　書

収受印 令和　年　月　日　　　　　税務署長殿	届 出 者	（フリガナ）納 税 地	（〒　　－　　　）　　　　　　　　　　　　　　（電話番号　　　－　　　－　　　）
		（フリガナ）氏 名 又 は 名 称 及 び 代 表 者 氏 名	印
		個 人 番 号 又 は 法 人 番 号	↓ 個人番号の記載に当たっては、左端を空欄とし、ここから記載してください。

下記のとおり、事業を廃止したので、消費税法第57条第1項第3号の規定により届出します。

事 業 廃 止 年 月 日	平成 令和　　　　年　　　　月　　　　日
納 税 義 務 者 と な っ た 年 月 日	平成 令和　　　　年　　　　月　　　　日
参　　考　　事　　項	
税 理 士 署 名 押 印	印 （電話番号　　　－　　　－　　　）

※税務署処理欄	整理番号		部門番号			
	届出年月日	年　月　日	入力処理	年　月　日	台帳整理	年　月　日
	番号確認	身元確認 □済 □未済	確認書類	個人番号カード／通知カード・運転免許証 その他（　　　）		

注意　1．裏面の記載要領等に留意の上、記載してください。
　　　2．税務署処理欄は、記載しないでください。

(2)　課税事業者選択届出書等との関係

①　事業廃止届出書を提出した場合

　消費税法には，課税事業者，課税期間の特例，簡易課税制度，任意の中間申告について，事業者が届出書を提出することによって選択できる規定があります。事業廃止届出書を提出した場合には，これらの特例を選択している場合でも，これらの特例に係る不適用届出書が提出されたものとして取り扱われます。

　したがって，これらの特例を選択している事業者が廃業し，事業廃止届出書を提出した場合には，これらの特例に係る不適用届出書をいちいち提出する必要はありません。

　また，例えば簡易課税制度を選択している事業者が事業廃止届出書を提出した場合，簡易課税制度の選択について不適用届出書が提出されたものとして取り扱われますので，もし，この事業者が事業を再開した場合，あるいは新たに別の事業を始めた場合には，改めて特例選択届出書を提出する必要がありますのでご注意ください。

②　不適用届出書に事業廃止の旨を記載した場合

　事業廃止によって，上述した4つの特例の不適用届出書，すなわち「消費税課税事業者選択不適用届出書」，「消費税課税期間特例選択不適用届出書」「消費税簡易課税制度選択不適用届出書」「任意の中間申告書を提出することの取りやめ届出書」を提出することがありますが，これらの届出書のいずれかに，事業を廃止した旨を記載すれば，事業廃止届出書の提出があったものとして取り扱われます。したがって，この場合には，他の不適用届出書等および事業廃止届出書を提出する必要はありません。

見本・簡易課税制度選択不適用届出書

第25号様式

消費税簡易課税制度選択不適用届出書

収受印			
令和　年　月　日	届 出 者	（フリガナ）	
		納　税　地	（〒　　－　　　） （電話番号　　　－　　　－　　　）
		（フリガナ）	
		氏 名 又 は 名 称 及 び 代 表 者 氏 名	印
＿＿＿＿＿税務署長殿		法 人 番 号	※ 個人の方は個人番号の記載は不要です。

　　下記のとおり、簡易課税制度をやめたいので、消費税法第37条第5項の規定により届出します。

①	この届出の適用 開 始 課 税 期 間	自 ○平成 　 ○令和　　年　　月　　日	至 ○平成 　 ○令和　　年　　月　　日
②	①の基準期間	自 ○平成 　 ○令和　　年　　月　　日	至 ○平成 　 ○令和　　年　　月　　日
③	②の課税売上高		円

簡 易 課 税 制 度 の 適 用 開 始 日	○平成 ○令和　　　　年　　　　月　　　　日
事 業 を 廃 止 し た 場合の廃止した日	○平成 ○令和　　　　年　　　　月　　　　日
	個 人 番 号 ※ 事業を廃止した場合には記載 してください。
参 考 事 項	
税 理 士 署 名 押 印	印 （電話番号　　　－　　　－　　　）

※ 税 務 署 処 理 欄	整理番号		部門番号			
	届出年月日	年　月　日	入力処理	年　月　日	台帳整理	年　月　日
	通信日付印 年　月　日	確認印	番号 確認	身元 確認	□ 済 □ 未済	確認 書類	個人番号カード／通知カード・運転免許証 その他（　　　　　）

注意　1．裏面の記載要領等に留意の上、記載してください。
　　　2．税務署処理欄は、記載しないでください。

I 基本編　II 実例編　II-1（個人）寿司屋　II-2 賃貸（個人）農業と不動産　II-3 雑貨と食品（法人）　II-4 精肉店（法人）　III 廃業手続編

２．確定申告

⑴　期　　限

　個人事業者の消費税の確定申告期限は，課税期間の短縮をしていない場合，申告の対象となる年の翌年３月31日までとされています。所得税は３月15日までですので，所得税よりも少し余裕があることになります。

　年の中途で事業を廃止した場合の申告期限も同様です。

⑵　みなし譲渡

①　みなし譲渡とは

　消費税は有償で行われた取引のみを課税対象としていますが，これを「有償取引の原則」といいます。個人事業者がその資産を自家消費することは，有償取引ではないため，本来は消費税の課税対象とならないはずなのですが，譲渡があったものとみなして消費税の課税対象とするとされています。これを「みなし譲渡」といいます。

　個人事業者が事業用として資産を購入した場合，課税仕入れに係る消費税額を税額控除することができます。これに対して，自家消費をした場合には課税されないとすると，控除だけができることになり，公平の観点から問題です。そこで，自家消費した場合や，法人がその役員に資産を贈与した場合には，みなし譲渡として消費税が課されることとされているのです。

②　事業の用に供していた固定資産・棚卸資産の取扱い

　課税事業者である個人事業主が事業の用に供していた固定資産や棚卸資産については，廃業後の使途によって消費税法上の取扱いが変わります。なお，この取り扱いは所得税の取扱いと異なる点があるので注意して下さい。

　まず，廃棄をした場合ですが，廃棄とは有償の取引ではありませんので，消費税における処理は必要ないということになります。しかし，他者へ売却した場合はもちろん課税対象です。

　廃業後，事業主が家事のために消費・使用する場合には，上述した自家消費として，消費税の課税対象になります。このとき，いくらで消費税の課税売上を計上するかは，資産によって異なります。自家消費した資産が，固定資産など，棚卸資産以外のものである場合には，自家消費した時点（廃業時）の時価で課税売上を計上します。自家消費した資産が棚卸資産である場合には，「課税仕入れの金額」と，「他に販売する価格の50％」とのうち，いずれか高い金額を課税売上に計上します。

　この取扱いを所得税と比較して整理すると，次の表のようになります。

	所得税	消　費　税	
廃棄	資産損失として必要経費に算入	処理なし	
売却	事業所得または総合課税譲渡所得	売却価格で課税売上に計上	
家事使用	処理なし	みなし譲渡	【棚卸資産の場合】 次のいずれか高い金額を課税売上に計上 ①課税仕入れの金額 ②他に販売する価格の50%
			【棚卸資産以外の場合（固定資産等）】 時価相当額を課税売上に計上

(3)　廃業後の課税仕入れと控除

　例えば退去費用や掃除費用など，廃業後に生ずる費用に対する課税仕入れについてですが，消費税法には所得税法63条のような，事業を廃止した場合の特例は規定されていないため，見込みで課税仕入れを計上することはできないということになります。

　廃業後は，課税売上がないのに，退去費用などが計上されますので，還付になる可能性があります。したがって，廃業日を先延ばしにすることにより対処してはどうかと思われます。

Ⅲ．事業税の廃業手続と届出書

1．廃業した場合の個人事業税の申告

　125頁で述べたように，年の途中で事業を廃止した場合には，廃止の日から1ヶ月以内（死亡によるときは4ヶ月以内）に個人事業税の申告をする必要があります。ただし，この期間内に所得税の確定申告をすれば，個人事業税の申告は不要です。

2．届出書の提出

　廃業した場合は，税務署への届出に加え，所轄の都道府県事務所への廃業届の提出も必要になります。様式はそれぞれの都道府県によって違います。ここでは東京都の「事業開始等申告書（個人事業税）」を掲載します。提出時期も都道府県によって異なりますので，確認が必要です。東京都では事業の廃止の日から10日以内となっています。

第32号様式(甲)(条例第26条関係)

事業開始等申告書（個人事業税）

受付印

		新（変更後）	旧（変更前）
事務所（事業所）	所　在　地	電話　　（　　　）	電話　　（　　　）
	名称・屋号		
	事業の種類		
	事業主住所が事務所（事業所）所在地と同じ場合は、下欄に「同上」と記載する。 なお、異なる場合で、事務所（事業所）所在地を所得税の納税地とする旨の書類を税務署長に提出する場合は、事務所（事業所）所在地欄に○印を付する。		
事業主	住　　　所	電話　　（　　　）	電話　　（　　　）
	フリガナ		
	氏　　　名		

開始・廃止・変更等の年月日	年　　月　　日	事由等	開始・廃止・※法人設立 その他（　　　　　）

※法人設立	所　在　地		法人名称	
	法人設立年月日	年　　月　　日（既設・予定）	電話番号	

東京都都税条例第26条の規定に基づき、上記のとおり申告します。

　　　　　　　　　　　　　　　　　　　　　　年　　　月　　　日

　　　　　　　　　氏名　　　　　　　　　　　　　㊞

　　　都税事務所長
　　　支　庁　長殿

(日本産業規格Ａ列４番)

備考　この様式は、個人の事業税の納税義務者が条例第26条に規定する申告をする場合
　　　に用いること。

都・個

【監修者紹介】

芹澤　光春　（せりざわ　みつはる）

1990年一橋大学法学部卒。2000年税理士登録。2001年芹澤光春税理士事務所開業。
2011年第34回日税研究賞（税理士の部）入選。
2014年第10回「税に関する論文」納税協会特別賞受賞。
2017年～東海税理士会税務研究所副所長。
著書に，『消費税　重要論点の実務解説』（大蔵財務協会），共著に『消費税率引上げ
軽減税率インボイス・業種別対応ハンドブック』，『個人版事業承継税制のポイントと
有利判定シミュレーション』（以上，日本法令），『消費税軽減税率・インボイス導入
の完全対応ガイド』（ぎょうせい）ほかがある。

【著者紹介】

永井　智子　（ながい　ともこ）

IT業界から税理士に転身。平成11年，税理士登録。千葉県市川市に永井税理士事務所
開業。平成13年，行政書士登録。平成17年，CFP取得。平成25年，上級相続アドバイ
ザー取得。地主さんへの「土地を売らない相続」を目指した相続対策が得意分野。好
きな言葉は「あきらめなければ夢の途中」。
【主な著作】コミュニティ・ペーパー行徳新聞にて相続コラム執筆。税務弘報2016年
9月「ディベート租税法」第13回，税務弘報2017年9月「ディベート租税法」第25回，
税務弘報2017年12月「重大ミスを未然に防ぐ！消費税のインシデントレポート」，「税
理士業務に活かす！通達のチェックポイント－相続税裁判例精選20－」（共著・第一
法規）
【事務所】〒272-0133千葉県市川市行徳駅前1－2－9

軽減税率後

消費税申告書の書き方　個人事業者＋法人＋個人廃業手続

2020年2月10日　第1版第1刷発行

監修者	芹 澤 光 春	
著　者	永 井 智 子	
発行者	山 本 　 継	
発行所	㈱中央経済社	
発売元	㈱中央経済グループ パブリッシング	

〒101-0051　東京都千代田区神田神保町1-31-2
電話　03 (3293) 3371 (編集代表)
　　　03 (3293) 3381 (営業代表)
http://www.chuokeizai.co.jp/
製版／三英グラフィック・アーツ㈱
印刷／三 英 印 刷 ㈱
製本／誠 　 製 　 本 ㈱

© 2020
Printed in Japan

＊頁の「欠落」や「順序違い」などがありましたらお取り替えいた
しますので発売元までご送付ください。（送料小社負担）

ISBN978-4-502-33891-5　C3034

● 実務・受験に愛用されている読みやすく正確な内容のロングセラー！

定評ある税の法規・通達集 シリーズ

所得税法規集
日本税理士会連合会
中央経済社 編

❶所得税法 ❷同施行令・同施行規則・同関係告示 ❸租税特別措置法(抄) ❹同施行令・同施行規則・同関係告示(抄) ❺震災特例法・同施行令・同施行規則(抄) ❻復興財源確保法 ❼復興特別所得税に関する政令・同省令 ❽災害減免法・同施行令(抄) ❾国外送金等調書提出法・同施行令・同施行規則・同関係告示

所得税取扱通達集
日本税理士会連合会
中央経済社 編

❶所得税取扱通達(基本通達／個別通達) ❷租税特別措置法関係通達 ❸国外送金等調書提出法関係通達 ❹災害減免関係通達 ❺震災特例法関係通達 ❻索引

法人税法規集
日本税理士会連合会
中央経済社 編

❶法人税法 ❷同施行令・同施行規則・法人税申告書一覧表 ❸減価償却耐用年数省令 ❹法人税法関係告示 ❺地方法人税法・同施行令・同施行規則 ❻租税特別措置法(抄) ❼同施行令・同施行規則・同関係告示 ❽震災特例法・同施行令・同施行規則(抄) ❾復興財源確保法 ❿復興特別法人税に関する政令・同省令 ⓫租特透明化法・同施行令・同施行規則

法人税取扱通達集
日本税理士会連合会
中央経済社 編

❶法人税取扱通達(基本通達／個別通達) ❷租税特別措置法関係通達(法人税編) ❸連結納税基本通達 ❹租税特別措置法関係通達(連結納税編) ❺減価償却耐用年数省令 ❻機械装置の細目と個別年数 ❼耐用年数の適用等に関する取扱通達 ❽震災特例法関係通達 ❾復興特別法人税関係通達 ❿索引

相続税法規通達集
日本税理士会連合会
中央経済社 編

❶相続税法 ❷同施行令・同施行規則・同関係告示 ❸土地評価審議会令・同省令 ❹相続税法基本通達 ❺財産評価基本通達 ❻相続税法関係個別通達 ❼租税特別措置法(抄) ❽同施行令・同施行規則(抄)・同関係告示 ❾租税特別措置法(相続税法の特例)関係通達 ❿震災特例法・同施行令・同施行規則(抄)・同関係告示 ⓫震災特例法関係通達 ⓬災害減免法・同施行令(抄) ⓭国外送金等調書提出法・同施行令・同施行規則・同関係通達 ⓮民法(抄)

国税通則・徴収法規集
日本税理士会連合会
中央経済社 編

❶国税通則法 ❷同施行令・同施行規則・同関係告示 ❸同関係通達 ❹租税特別措置法・同施行令・同施行規則 ❺国税徴収法 ❻同施行令・同施行規則 ❼滞調法・同施行令・同施行規則 ❽税理士法・同施行令・同施行規則・同関係告示 ❾電子帳簿保存法・同施行令・同施行規則・同関係告示・同関係通達 ❿行政手続オンライン化法・同国税関係法令に関する省令・同関係告示 ⓫行政手続法 ⓬行政不服審査法 ⓭行政事件訴訟法(抄) ⓮組織的犯罪処罰法(抄) ⓯収税保全と滞納処分との調整令 ⓰犯罪収益規則(抄) ⓱麻薬特例法(抄)

消費税法規通達集
日本税理士会連合会
中央経済社 編

❶消費税法 ❷同別表第三等に関する法令 ❸同施行令・同施行規則・同関係告示 ❹消費税法基本通達 ❺消費税申告書様式等 ❻消費税法等関係取扱通達等 ❼租税特別措置法(抄) ❽同施行令・同施行規則(抄)・同関係通達 ❾消費税転嫁対策法・同ガイドライン ❿震災特例法・同施行令(抄)・同関係告示 ⓫震災特例法関係通達 ⓬税制改革法等 ⓭地方税法(抄) ⓮同施行令・同施行規則(抄) ⓯所得税・法人税政省令(抄) ⓰輸徴法令 ⓱関税法令(抄) ⓲関税定率法令(抄)

登録免許税・印紙税法規集
日本税理士会連合会
中央経済社 編

❶登録免許税法 ❷同施行令・同施行規則 ❸租税特別措置法・同施行令・同施行規則(抄) ❹震災特例法・同施行令・同施行規則(抄) ❺印紙税法 ❻同施行令・同施行規則 ❼印紙税法基本通達 ❽租税特別措置法・同施行令・同施行規則(抄) ❾印紙税額一覧表 ❿震災特例法・同施行令・同施行規則(抄) ⓫震災特例法関係通達等

中央経済社

法人税の最新実務Q&Aシリーズ

法人税の実務を行う上で、問題になりやすい項目、間違えやすい項目、判断に迷う項目を取り上げ、具体的な最新事例を盛り込みながらQ&Aでわかりやすく解説。

貸倒損失・貸倒引当金
植木康彦 著

A5判·280頁　定価3,190円(税込)

借地権
奥田周年 編著

A5判·348頁　定価3,850円(税込)

役員給与
濱田康宏 著

A5判·368頁　定価4,180円(税込)

中小企業者
税理士法人熊谷事務所 編

A5判·348頁　定価3,960円(税込)

寄附金・交際費
TOMA税理士法人 編

A5判·324頁　定価3,960円(税込)

のれん・ソフトウェア・研究開発費
OAG税理士法人 編

A5判·272頁　定価3,300円(税込)

欠損金の繰越し・繰戻し
石井幸子・生川友佳子 著

A5判·320頁　定価3,960円(税込)

【順次刊行予定】
再生・清算・解散／国際取引／親子関連会社／組織再編／減価償却・リース／社団・財団、独立行政法人・社会福祉法人

中央経済社